いっぱいの感動と表現する喜び

「自然の教育」
Early childhood education curriculum for learning from nature

カリキュラム
ふれる・感じる・気づく
年少編

けやの森学園 幼稚舎・保育園

ひとなる書房
HITONARU SHOBO

はじめに　感動こそいのち

　子どもの頃、私はよく父に連れられて山や川に行きました。自然の中ではさまざまな体験をし、いろいろなことを学び、そして、たくさんの感動を得ました。今でも静かな森の中にいると、ゆったりと落ち着いて、大らかな気分になります。

　現在、幼稚園や保育園で毎日子どもに接していますが、今の子どもは、表面的で即物的で、自立心や意志の強さにやや欠けているように思います。子どもの成長過程で何が足りなかったのでしょう。それは、自然体験であり、そこから生じる感動ではないかと私は考えています。

　けやの森学園は開園以来「生きる力を育む自然の教育」を理念に掲げてきました。乳幼児期は、たくさんの原体験を通していくつもの感動を味わいます。その感動によって、語彙が増え表現も豊かになっていきます。なかでも、自然体験からの感動は、直接身体や脳裏に焼きつきます。楽しみや喜びばかりでなく、苦しみや困難なことを含めたすべての体験が先行体験となって、後から学ぶ知識が活きてくるのです。自然にふれて感動すること、これが乳幼児期に最も必要なことなのです。

　自然はこちらが求めようとすれば、どこまでも応えてくれます。命の尊さ、真実を探求する大切さ、ものごとの道理、倫理観など、崇高で、深淵で、複雑で、潤沢な心、宗教的情操とでもいうべき豊かな心を与えてくれるのです。子どもは自然にふれながら、知らず知らずにこれらのものを身体の中にしみこませ、人間として生きるにふさわしい柔らかな心を宿すようになるのです。大人もこういった自然体験の意義を根底から理解し、進んで自然となかよくなってほしいと願っています。

　本書は、このような考えのもとに、幼児期の自然体験の手引き書としてまとめました。
　子どもたちと自然を愛する多くの方に活用していただけましたら幸いです。

2013年3月27日　佐藤　朝代

自然体験と安全について

　自然体験活動は危険がつきものです。不意のできごとに接したとき、大切なことは何か、どうすべきか、瞬時に判断が求められます。あらかじめある程度のシミュレーションをしておくことが大切です。こわい経験をすることが危険を回避することにつながります。「こわいと思ったらやめる」、乳児であってもこの感覚が備わっていればけがはありません。

　むしろ自然の中にいるから「もしかしたら○○かもしれない」という予測ができるたくましさが培われます。

　入園の際に、保護者にもきちんと伝え、自分の身は自分で守ることが鉄則であることを共通理解しておくとよいと思います。危険については、各園で事前の学習が必要です。

本書の特長

　本書は、けやの森学園の3歳児クラスの自然体験活動を中心にした「自然の教育」カリキュラム（計画と実践の記録）です。自然体験活動を取り入れようとする方、さらに発展させたい方のために、計画を基に実践したことを分かりやすくまとめました。関東地方のほぼ中央に位置する埼玉県狭山市に合わせた活動になっておりますので、実際の活動にあたっては、地域性を加味して各園にあった環境で適宜ご活用ください。

　なお、年少編となっていますが、自然の体験は年齢によって区別されるものではありません。子どもの興味・関心や成長に応じて、4歳児・5歳児の計画案・指導案の素材としても自由に使っていただけます。

○自然体験活動の広がりや深まりのための、保育士の見通しを大切にしています

　まずは、身近な自然の中に出て、感じることから活動を始めます。遊びのきっかけとなる活動を具体的に掲げました。

　　長期的計画　●年間計画
　　　　　　　　　園の理念に沿って、1年間の子どもの育ちを見越した自然体験活動のねらいやテーマを明確にしています。
　　　　　　　●月　案
　　　　　　　　【各月ごとの扉ページに、年間・季・月間のねらいを掲げました】
　　　　　　　　その月の自然の様子や活動全体が一目で分かるように写真で紹介し、その月のねらいとふり返り、子どもの姿を記しています。また月ごとに自然物のシンボルを1つずつ掲げました。

　　短期的計画　●週　案
　　　　　　　　【各ページの上部から、年間、季、月間のねらい、各週のテーマを掲げました】
　　　　　　　　週ごとの活動のテーマを設定し、具体的な活動の取組みを写真と共に紹介しています。また、その月の生活に対して保育者の援助や留意する点、それに伴う保護者への配慮点を明記してあります。
　　　　　　　●日　案
　　　　　　　　【各ページの上部から、年間と季のねらい、活動の名称とねらいを掲げました】
　　　　　　　　その月の代表的な活動をピックアップし保育者の視点や留意点を具体的に示しました。

○子どもたちの興味・関心に応じた柔軟な展開が必要です

　以上のように計画を基に見通しをたて、しっかりした方向性を持ちながらも、実際の保育は子どもたちの興味・関心に応じた柔軟な展開や環境構成が必要となります。

○自然体験活動は総合的な活動の始まりです

　自然体験活動は、その日限りの活動ではありません。3歳であっても継続的に展開していくことができます。自然の中で感じ、育まれた"内なる思い"がいろいろな表現につながり、総合的な活動へと発展していきます。

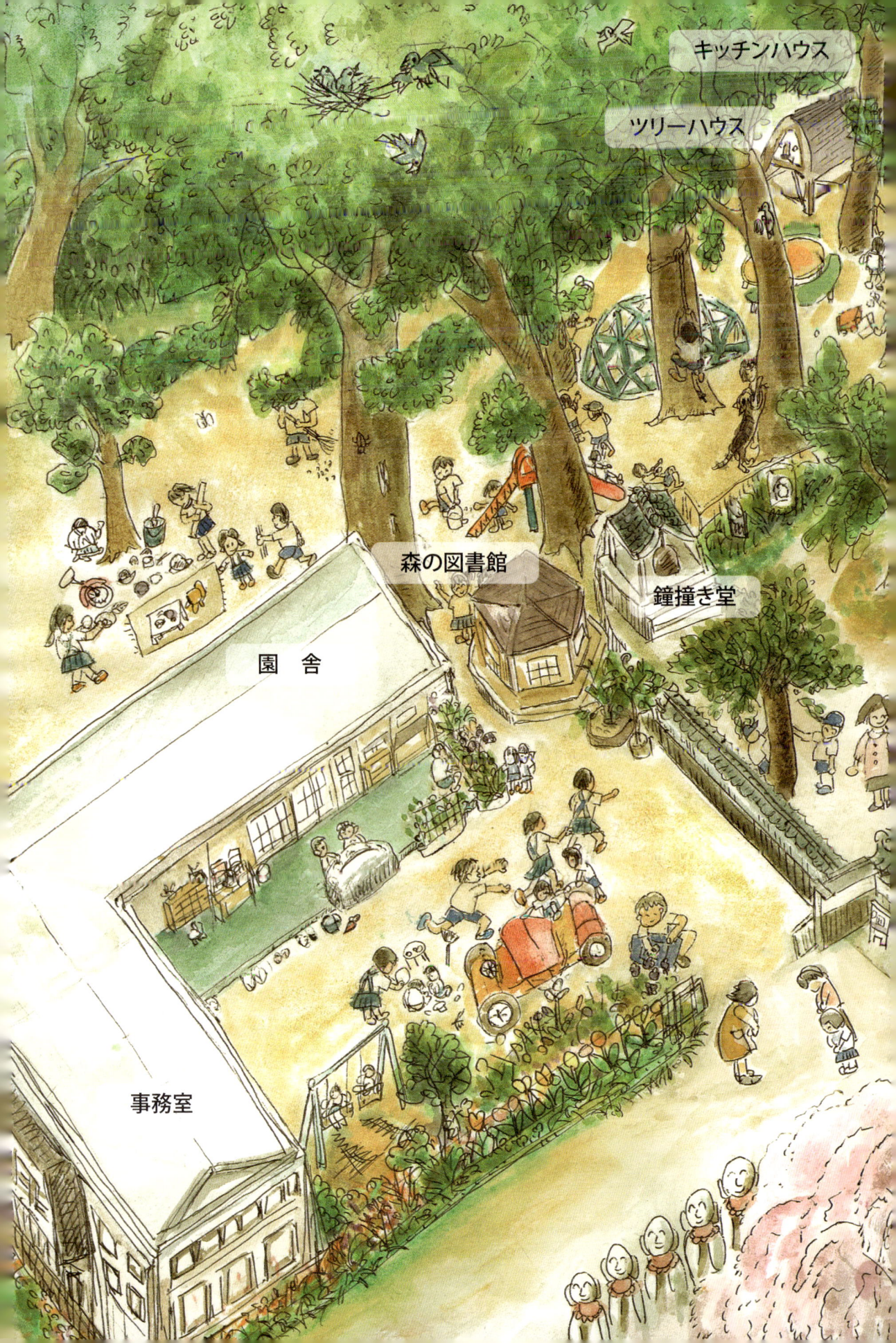

目　次　「自然の教育」カリキュラム●年少編

はじめに ───────────────── 2
本書の特長 ──────────────── 3
MAP（園舎・園庭） ─────────── 4
MAP（広域図） ───────────── 6
3歳児　自然体験活動年間計画　ねらいとテーマ ── 10

4月 花
月案　月間のねらい・子どもの姿・ふり返り ────── 12
週案 ─────────────── 14
日案1　散歩に出かけよう ──────── 18
日案2　花の壁かけをつくろう ────── 20

5月 風
月案　月間のねらい・子どもの姿・ふり返り ────── 22
週案 ─────────────── 24
日案1　こいのぼりをつくろう ────── 28
日案2　ダンゴムシを飼ってみよう ──── 30

6月 雨
月案　月間のねらい・子どもの姿・ふり返り ────── 32
週案 ─────────────── 34
日案1　フィンガーペイントで遊ぼう ─── 38
日案2　雨の日に散歩しよう ─────── 40

7月 水
月案　月間のねらい・子どもの姿・ふり返り ────── 42
週案 ─────────────── 44
日案1　カヌーに乗って遊ぼう ────── 48
日案2　年少キャンプを楽しもう ───── 50

8月 太陽
月案　月間のねらい・子どもの姿・ふり返り ────── 52
週案 ─────────────── 54
日案1　ミニトマトを収穫しよう ───── 58
日案2　セミをつかまえてよく見てみよう ─ 60

9月 空
月案　月間のねらい・子どもの姿・ふり返り ────── 62
週案 ─────────────── 64
日案1　フウセンカズラの種を集めよう ── 68
日案2　石の下を見てみよう ─────── 70

10月 葉
月案　月間のねらい・子どもの姿・ふり返り ────── 72
週案 ─────────────── 74
日案1　遠足に行こう（ペアで日和田山に登る） ── 78
日案2　散歩に出て春との違いを感じよう ─ 80

11月 実

月案	月間のねらい・子どもの姿・ふり返り	82
週案		84
日案1	自分の力でサツマイモを掘ってみよう	88
日案2	木の実で遊ぼう	90

12月 冬ごもり

月案	月間のねらい・子どもの姿・ふり返り	92
週案		94
日案1	水栽培の様子を見てみよう	98
日案2	生活作品展に展示しよう	100

1月 雪

月案	月間のねらい・子どもの姿・ふり返り	102
週案		104
日案1	雪で遊ぼう	108

2月 氷

月案	月間のねらい・子どもの姿・ふり返り	110
週案		112
日案1	氷で遊ぼう	116

3月 土

月案	月間のねらい・子どもの姿・ふり返り	118
週案		120
日案1	ジャガイモを植えよう	124

けやの森の教育理念と構造 ——— 126

補助的な説明文は、以下のようなアイコンを用いて分類をしています。

✏️ 本文に出てくることばの説明です。けやの森独自の活動の名称や内容などを説明しています。該当する本文中のことばは色文字にしてあります。

📓 本文の内容の理解を深める豆知識です。保育者自身の知識として押さえておきたい内容です。

👩 保護者へ特に配慮しておきたいことです。事前の準備や心づもりなどを挙げ、子どもの心情的な安定をはかります。

📚 その季節に読んでおきたい絵本の紹介です。

コミュニケーション 子どもと保育者、保護者と保育者などの人間関係の様子についての説明です。

👉 **日案1** 週案の中からその月の代表的な活動をピックアップして、日案1、または日案2としてまとめたことを示しています。日案では、活動の導入からまとめまでを、時間を追って示し、保育者の視点や援助のポイントを具体的に記述しました。

年間のねらい： 自然の中で遊ぶ心地よさを感じる　　　　　　　　　３歳児　自然体験活動

季節	月	月間のねらい	週のテーマ	日案タイトル
春　戸外に出て身体を動かし花や風を感じる	4月　花	散歩に出かけ身近な花々に興味をもつ／園庭の花や身のまわりの小さな生きものに興味をもつ	1. 身近な花の色やにおいを楽しもう 2. 花や草のまわりに集まる虫を見つけよう 3. 園外に出かけてみよう 4. 動いている虫に興味をもとう	1. 散歩に出かけよう 　戸外で春の花や虫にふれる 　いろいろな種類の花に気づく 2. 花の壁かけをつくろう 　花や葉できれいなかざりをつくる 　花を選びながら作品づくりを楽しむ
	5月　風	やさしい春の風を感じる／やわらかな土の感触を味わう	1. 空に泳ぐこいのぼりを見て風を感じよう 2. 植物の栽培を通して土の感触を楽しもう 3. 吹き流しや風車をもって風と遊ぼう 4. カエルをつかまえてみよう	1. こいのぼりをつくろう 　友だちとダイナミックにこいのぼりづくりを楽しむ 　色の混ざり具合を楽しむ 2. ダンゴムシを飼ってみよう 　ダンゴムシに興味を持つ 　歩く、丸くなるなどの動きを見る
夏　手足で水や砂や泥の感触を味わいダイナミックな遊びを楽しむ	6月　雨	雨に興味を持ち楽しい遊びを見出す／春から夏への移りかわりを感じる	1. 裸足になって泥んこの感触を味わおう 2. 梅雨の時期を楽しもう 3. 雨を喜ぶ生きものがどこにいるか探そう 4. 育てたジャガイモを収穫しよう	1. フィンガーペイントで遊ぼう 　素手でヌルヌルの感触にひたる 　色を混ぜ合わせて楽しむ 2. 雨の日に散歩しよう 　雨粒の落ちる様子を見る 　雨の中の植物や虫に気づく
	7月　水	泥で遊び、泥の感触を楽しむ／いろいろな水遊びのおもしろさを知る	1. 裸になってダイナミックな水遊びを楽しもう 2. 七夕について知ろう 3. 夏の野菜が大きくなる様子を見てみよう 4. 夏の空や雲を見てみよう	1. カヌーに乗って遊ぼう 　水に慣れ親しむ 　危険を知って楽しく遊ぶ 2. 年少キャンプを楽しもう 　ユーキーホーのこわさ、偉大さにふれる 　身のまわりのことは自分でする
	8月　太陽	水遊びをダイナミックに楽しむ／夏の虫を探してみる	1. 大きなプールに入り水の中の遊びを楽しもう 2. 手仕事をしよう 3. 夏の野菜を収穫して食べてみよう 4. 夏の虫にふれてみよう	1. ミニトマトを収穫しよう 　ミニトマトを丁寧に収穫する 　収穫してすぐミニトマトを味わってみる 2. セミをつかまえてよく見てみよう 　木にとまっているセミを見つける 　つかまえたセミの目や口、からだに興味をもつ
秋　目や耳や肌で	9月　空	戸外で思いきり身体を動かして遊ぶ／澄みきった空に秋の気配を感じる	1. 空を見上げ、空の色や雲の形の違いを見てみよう 2. トンボを見つけよう 3. 虫の声を聞いてみよう 4. 木の実を見つけよう	1. フウセンカズラの種を集めよう 　花のあとの種の様子を見る 　楽しみながら袋の中の種をとり出す 2. 石の下を見てみよう 　石の下にいる小さな虫をいっぱい見つける 　いろいろな虫の動きの特徴に気づく

年間計画　　ねらいとテーマ

		月間のねらい	週のテーマ	日案タイトル
秋から冬への季節の移りかわりを感じ楽しむ	10月 葉	目に見える身近な変化から秋に気づく 実りの秋を感じる	1. 赤や黄色に色づいた葉っぱを見てみよう 2. 実がなる木を見てみよう 3. 戸外で秋の自然にふれよう 4. 落ち葉や木の実、草の実を集めよう	1. 遠足に行こう（ペアで日和田山に登る） 　自分の足で最後まで歩く 　秋の自然にふれる 2. 散歩に出て春との違いを感じよう 　春に行った公園や野原に出かけ目や耳や肌で感じる 　落ち葉で遊ぶ
	11月 実	秋の自然物を集める 秋の虫を探してみる 風の冷たさを感じる	1. サツマイモの収穫を楽しもう 2. 葉っぱや木の実で遊ぼう 3. 葉っぱのお山をつくろう 4. 木登りに挑戦してみよう	1. 自分の力でサツマイモを掘ってみよう 　素手で土にふれ、サツマイモを掘る 　サツマイモを掘り出した瞬間の喜びを味わう 2. 木の実で遊ぼう 　秋の産物、木の実を集める 　木の実を使って形づくりを楽しむ
冬　冬の自然を知り寒さに負けず元気に遊ぶ	12月 冬ごもり	冬の訪れを肌で感じる 土の中や木の皮に隠れる生きものの冬ごもりを知る	1. 冬の風を肌で感じよう 2. 寒さの中でも生長している植物を見てみよう 3. 落ち葉を集めて焼きイモをしよう 4. 動植物の冬の過ごし方に関心を持とう	1. 水栽培の様子を見てみよう 　球根について知り水だけでも育つことに関心を持つ 　根と芽の違いを知る 2. 生活作品展に展示しよう 　自分で粘土をつくる 　つくった粘土で形づくりを楽しむ
	1月 雪	冬の生活を楽しむ（雪が降ったら雪遊びを楽しむ） 寒さに負けず戸外で身体を動かして遊ぶ	1. 散歩に出て日なたと日かげの違いを感じてみよう 2. 冷たい風を感じてみよう 3. 表現遊びを楽しもう 4. 冬の戸外に出て雪で遊ぼう	1. 雪で遊ぼう 　雪の感触を楽しむ 　友だちと雪の遊びを楽しむ
	2月 氷	冬の自然現象に興味をもつ 水の変化を知る	1. 友だちと一緒に氷を見つけよう 2. 新しい芽を見つけよう 3. 氷をつくってみよう 4. 冬の虫の生活を見てみよう	1. 氷で遊ぼう 　寒さに負けず戸外に出て、冬の自然物を探す 　冬の自然のふしぎに気づく
早春　戸外に出て身体を動かし花や風を感じる	3月 土	戸外に出て春を見つける 季節の変化をいろいろなことから気づく	1. 風の違いを感じよう 2. あたたかさを感じよう 3. 春の日ざしをあびて大きくなる芽を見てみよう 4. ジャガイモを植えよう	1. ジャガイモを植えよう 　ジャガイモの植え方を知る 　自分で植えてみる

4月 花

年間のねらい
自然の中で遊ぶ心地よさを感じる

春のねらい
戸外に出て身体を動かし花や風を感じる

月間のねらい
- 散歩に出かけ身近な花々に興味をもつ
- 園庭の花や身のまわりの小さな生きものに興味をもつ

子どもの姿
- 初めての集団生活に期待をもつ反面、不安や緊張感をいだき、登園を拒否したり母親を追い求めたりする姿が見られる
- はじめはスムーズに生活がスタートしても、一定の決まりがある園生活が分かってくると、不自由さを感じ、登園をしぶる子も出てくる
- 目新しい遊具に興味をもち、一人で遊べる子どももいるが、何をしたらよいか分からず傍観している子どももいる

やさしい風に　あたたかな太陽
道にはタンポポ　スミレたち
うすみどり色の若葉も伸びて
さくらのトンネルくぐります
さくらがあまりに美しく
さくらぐみができました
胸には新しいバッジが光り
なんだかうれしい4月です

健康と安全
・園外に出るときはあらかじめ下見をし、危険な箇所をチェックしておくなどして十分注意をはらいましょう
・もの珍しさと自分が先にふれたいという気持ちから、何でも素手で触ろうとするので、約束を伝えてから遊ぶようにしましょう

ふり返り（評価）
・戸外で思いきり身体を動かして遊ぶことができたか
・遊びながら足元の花や虫に気づくことができたか
・保育者や友だちの声かけに応じてまわりの自然に関心をもつことができたか

自然の中で遊ぶ心地よさを感じる　　春　戸外に出て身体を動かし花や風を感じる

4月

- 散歩に出かけ身近な花々に興味をもつ
- 園庭の花や身のまわりの小さな生きものに興味をもつ

1週目　身近な花の色やにおいを楽しもう

行事
- 保育園始業
- 保育園保護者顔合わせ会
- 個人面談

子どもの生活

ママがいい〜

保育園の生活は分からないことがいっぱい。不安になって「大好きなママに会いたくなっちゃった！」

がんばるぞ！

「新しいバッジ、うれしいな！」進級児は新しい色のバッジをもらい、これから始まる生活にワクワクドキドキ。——「ぼくのペアはどこかな？」

子どもの活動と保育者の姿

きれいなお花見つけたよ！

- 戸外に出て、どこにどんな花が咲いているか見てみる。

　どこにどんな花が咲いているかあらかじめ調べておきましょう。
　野原には…カラスノエンドウ、ハハコグサ、ナズナ、ヒメジョオンなど
　畑には…菜の花、イチゴの花など
　土手には…オオイヌノフグリ、タンポポ、スミレなど

これ、タンポポっていうんだよ！

- 菜の花やタンポポなど、花を探してみる。

　きれいな花を見て「きれいだね」「かわいいね」「ホラッ、とってもいいにおい！」と子どもたちといっしょに保育者も感動のことばを発します。♪ルルルン、ラララランと歌を口ずさみながら散歩できたらステキですね。

アッ、とれた！

- 風に舞い落ちる花びらをつかまえる。
- 園庭に散った桜の花びらを拾ってままごと遊びをする。

保育者の配慮

- 一人ひとりがまだ不安定な時期だからこそ戸外に誘ってみましょう。「この花は何色かな？」「赤いお花を見つけてみよう」などとことばをかけながら気持ちを外に向けさせ、緊張をほぐしていきましょう。
- 「きれいね」「かわいいね」「ステキな色ね」「いい香り」などと共感することばを多く発して、子どもたちと心を通わせましょう。

✏️ **ペア**

年上の子と年下の子が2人から3人の組みとなって生活をスムーズに整えていくシステムです。特に入園当初は園生活に戸惑いや不安の多い新入園児に、年上の子どもたちが丁寧にかかわり、早く生活に慣れるよう導いていきます。
4月のペアのかかわりが後々の強い信頼関係の基盤になります。

自然の中で遊ぶ心地よさを感じる　　春　戸外に出て身体を動かし花や風を感じる

4月 花

2 週目　花や草のまわりに集まる虫を見つけよう

- 幼稚舎始業式
- 入園式
- 家庭訪問

ぼく、どうしたらいいの？

ロッカーもげた箱もトイレも、新しいことずくめで、右往左往。1つずつゆっくり覚えていきます。

おうちに帰りたい―

園の生活は決まりごとがいっぱい。先生の話を最後まで聞くこともつらい。だんだん窮屈になって、「おうちが恋しくなっちゃった…」

ダンゴムシ見つけた！

- 園庭を探検してダンゴムシを探してみる。
- 見つけたらさわってみる。

「見て見て！」という子どもの声にかけ寄り、丸くなったダンゴムシを見て「ふしぎだね～」と一緒に観察します。
身近で親しみやすいダンゴムシにふれて、形の変化を楽しんだり、「なぜ丸くなるのか？」という生きものの不思議を感じたりしましょう。
ほかにも、どこにどんな虫がいるか伝えあい、「どうしてそこが好きなのかな？」と問いかけてみましょう。

ペアになったお姉さんからなぐさめられる3歳児

アッ、チョウだ！

- 外に出て、モンシロチョウが飛んでいるのを見つけ、そっとあとをついていく。

花にとまった様子を見て、「お花にとまった！ 羽をたてて、何しているのかな？」と子どもたちに感じたことを聞いてみましょう。一人ひとりが想像したことを思いおもいのことばで伝えあうことを楽しみます。

ダンゴムシはどうして丸くなるの？

ダンゴムシの胴体はかたい7つの節からできており、節と節の間は薄い皮でつながっています。つついたりすると、攻撃に弱い頭や腹を内側にして丸くなります。ダンゴムシは自分の身を守るために丸くなるのです。

- 子どもたち同様に、保護者も我が子が園でどう生活しているか不安に思っています。
- 「花の色が全部分かりました」「園庭の花がらを摘むお手伝いをしてくれました」などと活動したことを具体的に伝えると、家庭で話をするきっかけができます。
- 子どもの目の高さで見えるものばかりでなく、姿勢を低くするなどして、子どもの気づきを促します。

自然の中で遊ぶ心地よさを感じる　　春　戸外に出て身体を動かし花や風を感じる

4月
・散歩に出かけ身近な花々に興味をもつ
・園庭の花や身のまわりの小さな生きものに興味をもつ

3週目　園外に出かけてみよう

行事	・1日保育スタート ・幼稚舎保護者顔合わせ会 ・4月の誕生会	
子どもの生活	**よし、探検だ！** 園の内外にある部屋や用具、遊具をペアでスタンプラリー形式で探検。「どこにあるのかな？」「どうやって使うのかな？」と1つずつ確認します。	**だいじょうぶだよ！** 泣いていると「どうしたの？だいじょうぶだよ！」とペアがやさしく寄り添ってくれます。「わたしも優しくしてもらったから、今度はわたしが優しくしてあげる！」

子どもの活動と保育者の姿

散歩に出発！　👉 日案1
- 野原や公園へ散歩に出かけ、あたたかな春の日差しの中でゆったりと過ごす。
- 咲いている花の色をあてっこしたり、においをかいだりしてみる。
- 小川や池でオタマジャクシやアメンボを見つける。

　散歩に出かける際には足元の草花ばかりでなく、視野を広げて太陽や風にも気づかせ、身体全体で春を感じさせましょう。

赤くなってる〜！
- イチゴの実が赤く色づく様子を観察する。

　イチゴの白い花から緑色の実がだんだん色づいていく過程を、保育者と子どもが一緒に観察しましょう。赤くなったら食べられることを伝え、楽しみに待つよう促します。

アッ、こいのぼり！
- 近隣で、こいのぼりが風にのって悠々と泳いでいる様子を見る。

　こいのぼりが泳いでいるときとそうでないときの違いを見てみましょう。こいのぼりのふくらみから風のあるなしを知ります。

保育者の配慮
- 散歩に出かけるときは、そのつど目標を持ち、「こんな花を見つけよう！」「丸い葉っぱを見つけよう！」などと子どもたちに伝えてから出かけましょう。
- 空の色、雲の形、心地よい風、太陽の光などを気づかせ、保育者が目、耳、鼻、口、皮膚など五感で味わう快感をことばで表現し、子どもたちに投げかけましょう。

4週目　動いている虫に興味をもとう

- 保菌・ぎょう虫検査
- 春のプレイデイ

4月　花

おはようございます！
元気に登園し、朝のあいさつができるようになってきました。しっかりと相手の目を見てあいさつします。

は～い！
朝の会、帰りの会では、みんな元気いっぱい「はーい！」と手をあげ、家庭や園であったことなどを伝えあいます。

何かいるよ！動いてる！
- ハチなど花に集まる虫を見つける、という目的を持って散歩に出かける。
- 「ハチは花から蜜をもらい、花は花粉を運んでもらう」と、花と虫の助けあう関係を知る。
- ハチは刺すことがあるので危険な虫であることを教え、もし近づいてきたら、手で払ったりせず静かにしていることなどを伝えておく。

おうちに持って帰りたい！
- 園庭や花壇の花が終わる時期に花摘みをし、集めた花々で壁かけをつくる。

林って広いね！
- 新緑の林で思いっきり走って身体を動かす。
- 木の葉が黄緑色から深い緑色に変わる様子に、季節の変化を感じる。
- 自然の中でふしぎなものを見たら「これ、な～に？」とことばにする。

まてまて～
- カエルを見つけたら、追いかけてみる。

あちこちと追いかけているうちに姿勢が低くなり、自分の手でつかまえたいという欲求が強くなってきます。そばで見守ってあげましょう。

- 虫はつかまえずに、そっと見ましょう。また、摘んできた花は飾るなどして、生きものを大切にする気持ちを持たせましょう。
- 林の安全点検や整備をしておきましょう。
- チョウやダンゴムシになったつもりになり、身体を動かして楽しませましょう。身体の動きを誘発するような音楽を用意しましょう。

春のプレイデイ
全園児の親子が林に集う親子交流遠足のことです。おやつを獲得するため、グループで課題をこなしながらメンバー同士力を合わせて仲よくなっていきます。昼食は林でつくったカレーをほおばり、午後には父母総会を行います。お父さんたちの力を借り、間伐材を使ってすべり台などの遊具をつくってもらうこともあります。

 林遊びをはじめ、園外で活動する場合は、事前に保護者に必要な服装、持ち物などを伝えておきます。服装は、虫刺されやケガを防ぐためにも、襟のある長袖シャツに長ズボン、帽子は必ず着用します。保護者も同様の服装で集います。

自然の中で遊ぶ心地よさを感じる　　春　戸外に出て身体を動かし花や風を感じる

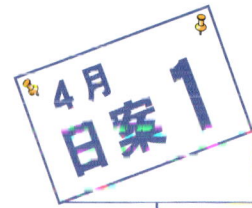
4月 日案1

散歩に出かけよう

ねらい
- 戸外で春の花や虫にふれる
- いろいろな種類の花に気づく

	9:30	9:45
子どもの活動	今日の活動について話を聞く ・排泄をすませ出かける準備を整え集まる。 	保育者から散歩に出かける目的を聞く 「花を見つけよう」 ・どこに行きたいか、どんな花が咲いていると思うのかなどと期待や希望を話しあう。 ・どんなことに注意しなければいけないかを子ども自身に考えさせ、確認しあう。 ・歩きながらどんな花がどんなところに咲いているか互いに伝えあう。 ・ペアと手をつないで車や周囲に気をつけて歩く。
保育者の配慮	・人数の確認をする。 ・事務職員に子どもと保育者の人数、行き先、時間などを伝えてから出発する。 ・保育者はあらかじめ目的の場所を心づもりしているが、子どもたちの様子を見て距離や時間、コースを決める。	・安全に配慮しながらも、楽しく歩けるよう、子どもの気づきに耳をかたむけ、気づきを与えられるような投げかけをしたい。──「タンポポ咲いてる!」「どこどこ?」「本当だ」「何色かな?」「黄色!」「そうだね、また見つけたら教えてね」「こんどぼくも見つけるよ」「ほかにも黄色いお花咲いてるかな?」 ・「いいにおいだね〜」「わぁ〜きれい!」などと、まずは保育者が楽しみ、感動のことばを発しながら子どもと共感する。
準備・エトセトラ	・園外に出る前には、園庭の木々、草、花にも十分ふれておくと比較できる。 ・簡単な救急セットを携帯する。 ・携帯電話は野外の活動には必要不可欠。	・散歩や園外に出るときのスタイルを決めておくと、出発前に子どもたち自身で準備することができる（帽子の着用、集合場所など）。 ・散歩に出かける際には何気なく歩くのではなく、保育者がそのつど目的やテーマをしっかりと決めておく。 ・年間の見通しを持った目標を設定する。 ・一定のコースの設定ができると、四季の変化を感じとることができて比較しやすい。

自然の中で遊ぶ心地よさを感じる　　春　戸外に出て身体を動かし花や風を感じる

4月 花

10:00

目的地で自由に遊ぶ

- 目的地に到着したら、保育者の見える範囲で遊ぶ。
- 草花をむやみにとらないなどと約束をして自由に遊ぶ。
- 目的を持って花を摘んだり、落ちている花びらを集めたりする。
- 保育者の許可のもと、花を摘んだら園まで大切に持ち帰る。

- 桜の花びらをそっと拾ったり、風に吹かれて飛んできた花びらを追いかけたりしながら入れものに集めさせる。
- 常にどこで誰が遊んでいるかを把握しながら子どもたちと一緒に遊ぶ。
- 子どもの何気ないつぶやきや小さな発見、気づきから、考えたり遊びを広めたりするきっかけにしていく。
- またその様子を家庭に伝え、家庭でも話題にしたり、家の付近を散策したりできるようにしていく。
- 子どもが発したことばやふしぎを感じる心を大切にする。何かを感じて立ち止まる姿や友だちに知らせる姿を見逃さないようにする。

- 普段から散歩のモデルコースを何カ所か設定しておく。その時々に子どもたちにふれさせたいもの、出合わせたいものを考慮に入れ、目的や距離や交通量によって選べるようマップをつくっておくとよい。
- 摘んだ花を入れるカゴを用意するとよい。牛乳パックなどでつくってもよい。
- 花を飾る花瓶を用意しておく。
- その場で髪にさしたり腕輪にしたりして身につけてあげると、心も弾み、よりいっそう花を身近に感じることができる。

11:00

園に戻り、手洗い、うがいをする

- 摘んできた花をみんなで見てみる。
- どこに咲いていたかをふり返る。
- ほかに発見したものを発表する。
- 摘んできた花を花瓶にさしてテーブルに置く。

- 「ママに持っていく!」という子もいるので、おみやげにしたりテーブルにかざったりして摘んだ花を無駄にしないようにする。
- 花を長くもたせるために、毎日水をかえてくれる子どもを募る。

ふり返り

- 道ばたの花や木々、花壇の花々に気づくことができたか。
- 花や虫に興味を持つことができたか。

自然の中で遊ぶ心地よさを感じる　　春　戸外に出て身体を動かし花や風を感じる

4月 日案2　花の壁かけをつくろう

ねらい
- 花や葉できれいなかざりをつくる
- 花を選びながら作品づくりを楽しむ

	9:30	9:45
子どもの活動	今日の活動について話を聞く ・普段の自由遊びのときに、花がらを摘んだりして、少しずつ花を集めておく。 	台紙を持って園庭に出る ・見本を見て、台紙への貼り方を知る。 ・壁かけの台紙を受け取り、園庭に出る。 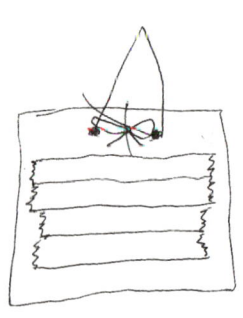
保育者の配慮	・どんな花を使ってよいのか見せるために、数人の子どもたちとあらかじめ摘んでおくとよい。 	・開ききってしまったり、花びらの先がちぎれてきたりしたものを見せて、花が咲き終わったことを伝える。 ・ステキな壁かけにするために、どこのどんな花を使うか自分なりにイメージさせる。 
準備・エトセトラ	・花壇の様子を見ながら、いつでもとりかかれるように図のような台紙の準備をしておく。 **台紙のつくり方** ①ダンボールをカットする（15cm×10cmくらい）。 ②全体に両面テープを貼っておく。 ③上部に持ち手をつける。	

自然の中で遊ぶ心地よさを感じる　　春　戸外に出て身体を動かし花や風を感じる

4月　花

10:00

花びらや葉を貼る
- 花びらや葉は丁寧に扱う。
- 両面テープをはがしながら、好きなように花びらや葉を貼っていく。
- 自分のイメージで色の組み合わせや形を考えたり、好きな花だけを集めたりして、自分だけの作品をつくる。

- バラバラになって活動する子どもたち全体を把握できるよう見回る。
- 傍観している子がいないか、どうやったらよいか分からず戸惑っている子がいないか見回る。
- 積極的な子の様子を見せたり一緒に花を選んで貼ってみるなどして、1人でとりかかれるようにかかわる。
- 1カ所にとどまらず、いろいろな花や葉に目が向くように声をかける。
- 「この花を貼る」と決めてデザインをする子に対しては、それを認める姿勢を持つ。

- 台紙を持って戸外に出向き、外のテーブルで作品づくりをすると、開放感にひたりながら新鮮な気持ちでとりかかることができる。
- 花をテーブルに集めて、座りながら貼っていくと落ち着いて取り組めるが、あちらこちらに動きながらその場で貼っていくこともよしとする。

ふり返り
- 思いおもいにかざることができたか。
- 楽しみながら製作できたか。

11:00

作品を発表する
- 両面テープをはがした紙などのゴミを拾い集合する。
- 自分の作品をみんなに見せ、気に入っているところを発表する。
- 友だちからステキなところを伝えてもらう。
- いったん部屋の壁にかざり、降園時に家へのおみやげとして持ち帰る。

- まとめとして、できた作品をみんなの前で発表する。
- デザインを考えて貼った子やすべての種類の花を貼った子など、その子なりのこだわりのある点を評価する。
- いちどは部屋にかざり作品の紹介をする。
- その日のうちに持ち帰って家族にプレゼントしたいという子もいるので、その希望に応えるようにする。

遊びの発展
- におい玉やスパンコールなどを用意しておき、花と花のすき間を埋めるとよい。
- 摘んだ花を押し花にできることも伝える。

5月 風

年間のねらい
自然の中で遊ぶ心地よさを感じる

春のねらい
戸外に出て身体を動かし花や風を感じる

月間のねらい
- やさしい春の風を感じる
- やわらかな土の感触を味わう

子どもの姿
- 生活のリズムができて落ち着きが見られるようになってくる
- ペアを頼りに安心して生活し、笑顔が見られるようになってきている
- 「あれをやってみたい」「一緒に遊びたい」という興味がどんどん出てきて、自分の好きな遊びや好きな場所を見つけて楽しむようになる

春の風にさそわれて
ピョンピョン　カエルが遊びます
スルスル　カナヘビあらわれて
おいしい虫はいないかな
いちごの白い花も咲き
口からお花をとばしっこ
ケーキやさんにジュースやさん
林が元気になる5月

健康と安全

- 園庭に石や危険なものが落ちていないか、毎朝確認しましょう
- 汚れてもよいという安心感をもたせ、汚れたら洗い流したり、着替えをしたりしてきれいにすることにも時間をとりましょう

ふり返り(評価)

- 自分から戸外に出て思いきり走り回ることができたか
- 保育者や友だちと一緒に楽しく過ごせるようになってきたか
- 戸外で自然にふれ、草花や虫に関心をもつことができたか

自然の中で遊ぶ心地よさを感じる　　　春　戸外に出て身体を動かし、花や風を感じる

 5月
- やさしい春の風を感じる
- やわらかな土の感触を味わう

1週目　空に泳ぐこいのぼりを見て風を感じよう

行事	・避難訓練 ・花まつり（懇談会） ・母の日のプレゼントづくり	
子どもの生活	ぼくのお兄さんは…？ ペアをとても信頼する気持ちが芽ばえます。「いつもそばにいてお世話してくれるペアさんはどこ？」「お兄さんの名前、覚えたよ！」	花まつりって何のお祝い？ 住職の話をじっと聞き、年長児の発表を聞きます。「命って何？ 命を大切にするってどういうこと？」と考えるきっかけにします。
子どもの活動と保育者の姿	**こいのぼりをつくろう！**　日案1 ・風のあるときないときの、こいのぼりの泳ぎ方の違いに気づく。 **このお花でなにつくろう？** ・咲き終わった花がらで冠をつくる。 　5、6cm幅に切ったボール紙に両面テープを使って花がらを貼り、かぶって遊びます。 **ダンゴムシ見つけた！ 飼ってみよう！**　日案2 ・戸外に出て、枯れ草の中や植木鉢の下の小さな生きものを探す。 ・飼育ケースで飼い、絵本や図鑑と照らし合わせて観察してみる。 **ママ、ありがとう！** ・大好きなママにプレゼントをつくる。 　ラディッシュの種をまき、白いポットに絵の具を使って指で模様を描きます。 **木の葉がソヨソヨ～** ・木の葉が揺れる音に耳をかたむける。 　「風の音ってどんな音？」と投げかけ、木の葉が揺れている音を聞いて、木によって音の違いがあることを感じます。	
保育者の配慮	・連休明けは入園当初の状態に戻り不安を感じる子もいるので、一緒に遊んだり見守ったりしながら安心して過ごせるようにしていきましょう。 ・みどり色の葉っぱが風に吹かれ、とても気持ちのよい季節です。保育者も裸足になって子どもたちと一緒に遊び、身体で風を感じましょう。 ・子どもたちと一緒に空を見上げ、空の青さや雲の美しさ、太陽のまぶしさや木々の緑の変化に気づけるよう、声かけをしていきましょう。 ・戸外ではすぐに裸足になって遊べる子ばかりでなく、土の感触に抵抗のある子もいるので、まず一人ひとりの様子を見ながら、徐々に土の感触の気持ちよさを知らせていきます。葉が風にゆれる音も楽しむことができます。	

自然の中で遊ぶ心地よさを感じる　　春　戸外に出て身体を動かし花や風を感じる

2 週目　植物の栽培を通して土の感触を楽しもう

- 5月の誕生会
- サツマイモの植え付け

5月｜風

何をして遊ぼうか？
3歳児がお兄さんお姉さんになって2歳児を誘います。

自分でやってみたいな
使ったものは元の場所に戻すことを毎回繰り返して覚えます。自分でできたら先生にほめてもらいます。

どうやって植えるの？ むずかしい… でも、できたよ！

- サツマイモの植え付けの前に、年中長児からやり方を教えてもらう。
- 自分の手で自分の苗を植える。
- 土にふれ、感触を味わう。

植え方などは、大人が最初に教えるのではなく、「昨年はこうだったよ」「こうやるんだよ」と子ども同士のやりとりの過程を大切にします。植えっぱなしではなく、世話の大切さも分からせていきましょう。

タンポポの綿毛見つけた！

- 天気のよい日は積極的に園庭に出たり散歩に出かけたりして、保育者や友だちと気持ちのよい陽気の中で身体を使って遊ぶ。
- タンポポの綿毛が風に吹かれてどうなるのか、追いかけてみる。

ミニトマトを植えよう！

- プランターに苗を植え、毎日世話をする。

身近なところで毎日観察できるよう、プランターを使って植えます。大きくなっていく様子を感じながら世話を続けていく約束をします。

綿毛って何？

タンポポの種子です。子孫を増やすため、風に吹かれてなるべく遠くに運べるよう、軽いものになっています。

園外に出かけたときのお約束

① 道路の端を歩く。
② 草花や虫はむやみにとらない、もち帰らない。
③ ゴミはもち帰る。
④ 遊ぶ場所は保育者の見える範囲。

- 行くたびに繰り返し子どもたちに問いかけ、確認しましょう。
- 日中たくさん身体を動かして遊んだあとは、お部屋でゆったりさせましょう。

虫刺されやかぶれが出やすくなる時期です。汗をかいて悪化させないためにも、戸外での遊びで考えられることを保護者に伝え、連携をはかっておくとよいでしょう。前向きに対応できるよう、一緒に考えていきましょう。

自然の中で遊ぶ心地よさを感じる　　春　戸外に出て身体を動かし花や風を感じる

5月
- やさしい春の風を感じる
- やわらかな土の感触を味わう

3週目　吹き流しや風車をもって風と遊ぼう

行事	・内科検診 ・親子キャンプ	
子どもの生活	すべり台で遊ぼうよ！ 園生活に慣れてきて、自分の遊びに没頭したり、楽しそうに遊ぶ友だちのまねをしたりします。そして「一緒に遊ぼう！」と声をかけます。	お話を聞くときは？ 少しむずかしい話でも、話す人の目をしっかり見て聞きます。

子どもの活動と保育者の姿

まわれまわれ〜
- 風車をつくり、手にもって思いっきり走ってみる。
- 羽のまわる様子や友だちの走っている様子を見てみる。
  割りばしの先に紙でつくった二枚羽をつけて簡単な風車をつくります。
- 吹き流しや紙テープを持って走って風を感じる。

ホオノキの風車　次ページの作り方参照

何色の花が咲くかな？　楽しみだね！
- アサガオの種をまく。
- プランターにフウセンカズラの種をまく。
  1人ずつポットを用意します。穴をふさぐ石を探し、土を入れて3粒の種をまきます。種をまいたポットを1カ所にまとめておき、水やりの当番を決めて毎日お世話をします。フウセンカズラはプランターを用意して、クラスで管理します。発芽を心待ちにします。

ピーッて音がした！　ぼくにも教えて！
- 葉や草を鳴らしてみる。
- オオバコで草ずもうをする。
  「何をするのかな？」と興味津々で見ている子どもたちの前で、カラスノエンドウやスズメノテッポウなどを保育者が吹いてみたり、オオバコで草ずもうをしたりしてみます。やってみたいと集まってくる子どもたちに、丁寧に教えます。

保育者の配慮

内科検診の際は、清潔な下着を身につけて登園するように伝えます。

 親子キャンプ

毎年、父の会主催で園に1泊し、親同士の交流をはかります。寝食を共にして語り合い、仲よくなります。父母同士、あるいは父母と園とが理解しあうことで信頼が増し、子育てのよい環境が築かれていきます。

自然の中で遊ぶ心地よさを感じる　春　戸外に出て身体を動かし花や風を感じる

4 週目　カエルをつかまえてみよう

・畑へ行く

5月｜風

コンニチハ！
脱いだ衣服を自分でたためるようにしましょう。まずは「コンニチハ」と端と端を合わせます。

ペアのお姉さんが泣いてる…
ペアの優しさに甘え、ワガママになったり困らせたりすることも出てきます。困ったペアが泣き出したりすると「どうしてペアが泣いてるの？」と気づきます。

あっ、鳴いている！　どこから聞こえる？　行ってみよう！

- 林遊びの楽しさを体験する。
- カエルを探してみる。

子どもの気づきを大切にし、実際にカエルの声をたよりに探検してみます。カエルが発見できなくても「どうして鳴いているのかな？」「どこにいるのかな？」などと投げかけてみます。草の中、しげみ、洞、木にあいている穴、小川のほとりなど、探すポイントも少しずつ知らせていきます。

つかまえた！

- つかまえたカエルを観察し、動きをまねてみる。
- 観察して気づいたことを発表してみる。

よく観察できる透明ケースを用意します。観察後はすぐに元の場所に放すなどの配慮をしましょう。死んでしまったら、なぜ死んだのか、何がいけなかったのか、子どもたちに投げかけ、死をむだにせず、子どもたちが考えたこと、気づいたことを発表し合う機会とします。次の観察や飼育につなげていきましょう。

これぐらい大きくなっているんじゃない？

- 自分の手で植えたサツマイモの苗がどうなっているか、畑の様子を見に行く。

・道ばたや原っぱの草花はいろいろな遊び方ができるので、まず保育者がなにげなく遊んで見せてあげましょう。子どもたちが興味をもって集まってきたら、やり方を教えます。子どもたちは自分で草を見つけ、遊び始めます。草花を使った伝承遊びの楽しさを伝えていきましょう。

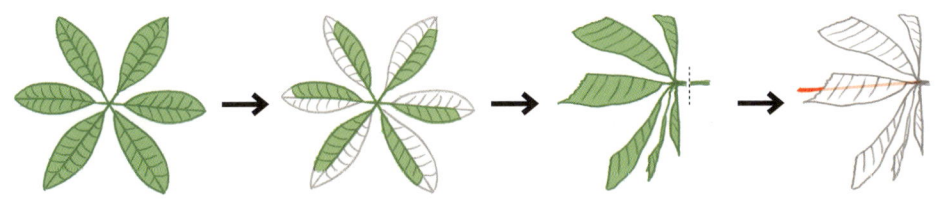

ホオノキの風車の作り方 → 1. 葉脈にそって葉の片側と先端部分を切り取る → 2. 茎を切り取る → 3. 中心部分に切り取った茎や木の棒、指などを当てて走る

自然の中で遊ぶ心地よさを感じる　　春　戸外に出て身体を動かし花や風を感じる

こいのぼりをつくろう

- ねらい・友だちとダイナミックにこいのぼりづくりを楽しむ
- ・色の混ざり具合を楽しむ

	9:30	9:45
子どもの活動	今日の予定、連絡を聞く ・♪「こいのぼりの歌」を歌う。 **なぜこいのぼりを揚げるの？** 中国では黄河の上流にある「竜門」にのぼることができた鯉は空を飛ぶ竜になるといわれています。日本では男の子が強く立派に育つよう願いを込めてこいのぼりを揚げます。	こいのぼりの制作をする ・制作の説明を聞く。 ・汚れてもいい遊び着を着用する。 ・まず保育者がぞうきんを投げる姿を見る。 ・「エーイ！」「ヨーシ！」と勢いをつけ、紙にぶつけたり投げたりして色をつけていく。 ・黄・赤・青のぞうきんを投げて、偶然できた模様や色の混ざり具合を楽しむ。
保育者の配慮	・事前に散歩に出かけたとき、通園バスの中などで風に泳ぐこいのぼりに気づかせておく。 ・こいのぼりの大きさや色の違い、泳いでいるこいのぼりの数などにも関心がいくよう問いかけてみる。 ・こどもの日にちなんだものについて話をする。	・すぐに始められるようにあらかじめ準備をしておき、手順ややり方を分かりやすく伝える。 ・力をこめて思い切りできるよう促す。張り切って取り組む子、力をこめてできる子はみんなの前でやらせてみる。 ・いっせいに活動を始めると混乱するので、活動する子とまわりで見ている子に分ける。 ・色の重なり具合を見て、場所の移動を誘導する。 ・「もっとやりたい！」という意欲的な子が満足できるように紙を多めに用意し、存分に気持ちが発散できるようにする。
準備・エトセトラ	・自分の家にかざってある兜や戸外で風に泳ぐこいのぼりの様子に気づくよう促し、自分たちで大きくてきれいなこいのぼりをつくってみたいという気持ちを高めておく。	・絵の具に素手でさわれない子、ダイナミックにできない子もいるので、声をかけ、豪快な子たちと一緒にやってみる。 **準備** ①バケツに黄系、赤系、青系など2、3色ずつ絵の具を溶かしておく。 ②ぞうきん（フェイスタオルの1/4くらいが子どもの手になじみやすい）に絵の具をしみこませておく。 ③障子紙を150×90cmくらいの大きさに切っておく。 ④園庭に敷いたシートの上に障子紙を置く。 ⑤遊び着を着せる。 ⑥足洗い用のバケツを用意しておく。

10:30

まとめの会
- 1カ所に集合し、できた模様を広げて見てみる。
- 見て感じたことを発表する。きれいな色に染まったところ、色が混ざり合ったところを前に出てきて具体的に示す子もいる。
- 明日、大きなこいのぼりにして空高く揚げることを楽しみにする。

10:50

みんなで片づけをする
- 使ったものを種類別に1カ所に集める。
- 遊び着を脱いで足を洗う。
- 汚れた手をよく洗う。

- ある程度模様ができたら「素敵な模様になったね」と声をかけながらフェンスなどにかけ、乾かす。
- 偶然にできたきれいな色やその混ざり具合、模様などについて、どう感じるかを子どもたちにたずね、何色と何色を混ぜるとどのような色になるかを確認し合う。
- 「きれいな模様ができたから、明日こいのぼりにして泳がせようね」と子どもたちに伝え、空に泳ぐ姿をイメージさせる。

- 園のどこに泳がせたらよいか、子どもたちと相談し、準備しておく。

- 乾いたらこいのぼりの形にしてかざることを楽しみにさせる。
- 障子紙のほか、布やビニールなどの素材でもできるが、大空高く泳ぐためには軽い素材が適している。
- こいのぼりの尾の方を少しすぼめて、口と尾の方に針金や竹ヒゴを輪にして入れると風の通りがよくなる。

> **ふり返り**
> - 心を開放して楽しむことができたか。
> - 混色などを楽しみながら模様づくりができたか。
> - 友だちに声をかけながら力いっぱい活動できたか。

自然の中で遊ぶ心地よさを感じる　　春　戸外に出て身体を動かし花や風を感じる

5月 日案2　ダンゴムシを飼ってみよう

- ねらい
  - ダンゴムシに興味をもつ
  - 歩く、丸くなるなどの動きを見る

	9:30	9:45
子どもの活動	どんな虫がいるか考える ・虫探しに出かける前に「どこにどんな虫がいるかな？」と問いかける。子どもたちは、「チューリップにチョウが飛んでくる」「アネモネにハチが蜜を吸いにくる」「アリが食べものを探している」などと思いつくことを発表する。	ダンゴムシを探す ・子どもたちと戸外に出てみる。 ・いろいろな虫探しをしているうちにダンゴムシを発見する。 ・1人の子どもの「見つけたよー」の声に皆が集まる。──「どこにいたの？」「石の下」「どの石？」「大きな石の下を見たらたくさんいたんだよ」
保育者の配慮	・年中長児の姿を見てあとからついていく様子や数人で虫探しを始める様子など、普段の自由遊びの時間の様子をよく観察しておく。 	・唐突に「ダンゴムシを探しに行こう」と誘うのではなく、日頃の遊びの中で、年中長児から触発されて興味をもち始めたところをとらえて、戸外へ誘う。 ・ダンゴムシはどこにでも生息し、大きさや形も子どもの手になじみやすく、からだの変化を楽しめる。何より危害を及ぼすことがなく、誰にでも親しみやすいので、3歳児には適している。 ・虫が苦手な子どもは、遠くから見ていたり友だちが手にのせているところをそっと指でつついてみたりする程度のかかわりから始まる。
準備・エトセトラ	・ダンゴムシを飼うための、深さ20cmくらいの透明なケースを用意しておく。 	・自由に探しまわりながらも、プランターや鉢の集まっているあたりで「どこに虫がいるかな？」と投げかける。 えほん ・『ダンゴムシ　みつけたよ』　皆越ようせい 文・写真　ポプラ社 ・『だんごむし』　寺越慶司 絵　フレーベル館 ・『ぼく、だんごむし』　得田之久 文　かがくのとも傑作集 ・『だんごむし　うみへいく』　松岡達英 作・絵　小学館

10:00	11:00
ダンゴムシの飼育を決定する	まとめ
・会話を聞いてほかの子どもたちも石の下、プランターの下、鉢の下、木の根元などを探してみる。──「ダンゴムシ速いね」「たくさんいる!」「いっぱいの足で逃げてるよ」 ・つかまえて手にのせたら丸くなってコロコロしている。──「ボールみたい」「かたいね」「どうして丸くなるの?」 ・「お部屋で飼ってみない?」という保育者のことばに「飼ってみる!」と同意する。	・ダンゴムシを入れるケースをもらう。 ・土を入れてダンゴムシを入れる。 ・動かしたプランターや鉢を元に戻す。 ・手を洗い部屋に戻る。 ・ダンゴムシの本を見て、「飼う」ということを考える。 ・飼育するために必要なものを知る。 ・大切にお世話することを約束する。
・1人の発見からダンゴムシ探しが始まり、第1発見者から指南してもらった場所を一人ひとりが確認しようとするので、行動範囲が広がり過ぎないように注意する。 ・「見つけた!」「いたよ」「ほら見て!」と自分で獲得した喜びを伝えてくるので共感する。 ・子どもたちからはまだ「飼ってみたい」ということばまでは出てこないので、飼ってみようと投げかけてみる。	・空のケースを置いて、ダンゴムシの飼育には何が必要かを問いかける。 ・土や石を入れ、「ダンゴムシの暮らし」を考えさせる。 ・動かしたものをきちんと片づけさせる。これから毎日続くであろうダンゴムシ探しに際して、やりっ放しにしないことを伝える。 ・本を読み、ダンゴムシの生態を話しあう。葉や木の実、湿った土が大切であることを知り、世話をしていく約束をする。 ・ダンゴムシの生態に興味をもち、知っていく。──「何で?」「おもしろい」「丸くなっていたのに歩き出した」
	・用意しておいたダンゴムシの本を、毎日繰り返し読んで聞かせる。 ・毎朝、身支度がすんだら観察できるよう、ケースを机の上に置いておく。 ・さわると丸くなるダンゴムシに対して、丸くならないワラジムシを探して見比べるのもおもしろい。

ふり返り

・ダンゴムシに興味をもつことができたか。
・生命の大切さを感じながら世話をしようとしているか。

6月 雨

年間のねらい
自然の中で遊ぶ心地よさを感じる

夏のねらい
手足で水や砂や泥の感触を味わいダイナミックな遊びを楽しむ

月間のねらい
- 雨に興味をもち楽しい遊びを見出す
- 春から夏への移りかわりを感じる

子どもの姿
- 園生活のリズムをつかみ、少しずつ自分から身のまわりのことに取り組む姿勢が見られる
- 友だちと同じことをしてみたい、同じものがほしい、という思いが強くなり、自己主張する場面や取りあいになる場面が見られるようになる
- 個々の慣れ方の違いが見られる

どんよりくもった畑で
ある時　土を掘り返していたら
ピカピカ光る透明の
カタツムリの赤ちゃんに出会いました
数えきれない赤ん坊たちが
やわらかな土の中で
こんなふうに生まれて　生きている…

健康と安全
- 高温多湿の日が続くため、保育室の室温や湿度に注意し、衣服の調節や水分補給などを行いましょう
- 戸外では、草にかぶれたり虫にさされたりして、皮膚のトラブルもでてきます。ひどくならないように保護者と連携をとりながら、薬に頼るばかりでなく強い身体つくりも提唱していきましょう

ふり返り（評価）
- 梅雨の時期ならではの生きものや自然に興味・関心をもつことができたか
- 普段目にしないところで生きものを見つけ、新しい発見をすることができたか
- 自分でやってみようという気持ちをもって取り組み、自分のしたい遊びを十分楽しむことができたか

自然の中で遊ぶ心地よさを感じる　　夏　手足で水や砂や泥の感触を味わいダイナミックな遊びを楽しむ

月

・雨に興味をもち楽しい遊びを見出す
・春から夏への移りかわりを感じる

1週目　裸足になって泥んこの感触を味わおう

行事	・衣替え ・6月の誕生会 ・避難訓練	
子どもの生活	**どうして貸してくれないの？** 「貸して」「ダメよ。今、使ってるから」「私だって使いたい」——自分の思いを通そうとして、ぶつかりあいが起こります。	**こんにちは！** 友だちのお母さんに「○○ちゃんのママー」と声をかけます。散歩に行ったときも通りがかりの人に「こんにちは」と自分からあいさつします。

子どもの活動と保育者の姿

裸足って気持ちがいいね！

- 砂場で裸足になり、穴やトンネルを掘って遊び、水、砂、泥の感触を存分に楽しむ。
- 型抜きやごちそうづくりなど砂場でままごとを楽しむ。園庭に落ちている花がらや実、葉っぱを拾って使う。
- 泥だんごをつくる。
- 川やダムをつくってダイナミックに遊ぶ年長児の姿を見て楽しむ。

事前にプリンカップや茶碗などの準備をしておきます。また、園庭に石や木の枝など、危険なものが落ちていないか安全確認をしてから、裸足で遊びましょう。園庭にホースで水をまいたり水たまりをつくったりしておくと、子どもたちの遊びを自然に誘発できます。遊んだ後はきちんと片づけ、身体を清潔にすることも伝えていきましょう。

ヌルヌル〜ベチャベチャ！おもしろ〜い！　日案1

- フィンガーペイントで遊ぶ
  ヌルヌルの感触が苦手な子には無理強いせず、ほかの子の姿を見せるだけでもよいでしょう。

保育者の配慮

- アジサイやカタツムリなど、梅雨の時期に見られる植物や小動物にふれ、驚きや発見を体験させましょう。
- 泥遊び以外でも、水にふれる機会をいろいろ工夫しましょう。
- 園生活に慣れて自分を出せるようになってくると、年長ペアから「言うことを聞いてくれない」などと不満が出てきます。いつもは「お兄さん、お姉さんなんだから」となりがちですが、こういうときこそ3歳児にペアの5歳児の気持ちを伝え、どんなことが困るのかなどを考えられるようにします。保護者にも生活の様子を知らせましょう。

自然の中で遊ぶ心地よさを感じる　　　夏　手足で水や砂や泥の感触を味わいダイナミックな遊びを楽しむ

2 週目　梅雨の時期を楽しもう

- 父の日のプレゼントづくり
- 歯科検診

6月 雨

入れて！ いいよ！
朝の会や帰りの会、順番を待つときなど、子ども同士で声をかけあいます。

ドキドキ！ 痛くないかな？
歯科検診はペアで受診します。お兄さんお姉さんの様子をしっかり見て、歯医者さんに自分の名前と「お願いします」を言います。

パパ、だ〜い好き！

- 父の日のプレゼントに野菜を育てる。

  ガラスの瓶の中に大豆を入れ水にひたします。毎日観察しながら、「何が育つかな？」と楽しみにします。子どものことばを添えてお父さんにプレゼントします。

梅雨って何？ どうして雨ばかり降るの？ お日さま雲にかくれてる。今日も外で遊べないよぉ〜

- 雨があたると音が出そうなバケツなどを並べ、雨の音を聞く。
- アジサイの花、カタツムリなどを観察しながら紙で制作してみる。

  雨の降る日が多くなってきます。子どもたちの声をとらえ、雨にも大事な役割があることを伝える機会にします。ハサミやのりの使い方を確認し、梅雨の時期ならではのものを室内で制作してかざるのもよいでしょう。

お水がコロコロしてる！

- 雨あがりの戸外を探検し、水たまりや雨にぬれた草木にふれながら梅雨の季節を感じる。
- 水たまりにいるアメンボやカエルなどの生きものにふれてみる。

  草や葉にたまった水がコロコロ転がって大きな1つのかたまりになりました。「キラキラしていてきれいだね」——ほかの葉っぱのしずくと比べてみながらふしぎを感じましょう。

- 雨の日はホールなどの広い場所で身体を思いきり動かして遊べる工夫をします。
- ハサミやのりの使い方を教え、7月の七夕かざりをつくってもよいでしょう。
- 「外に出て遊べない」「力いっぱい身体を動かせない」と雨を憂うばかりでなく、部屋の中から雨の降る様子を見たり、音を聞いたり、屋根からつたってくる雨水の道を追ったり、雨上がりの様子に気づいたりすることも大切です。雨の美しさや雨が降らないと困ることなどについて、子どもと会議をしてみるのもよいでしょう。私たちの生活に大切な水について知らせていきましょう。

> **コミュニケーション**
>
> 先頭を歩く保育者が大きな声であいさつすると自然と子どもたちもできるようになります。近所や地域の方に気持ちのよいあいさつをしましょう。

自然の中で遊ぶ心地よさを感じる　　　夏　手足で水や砂や泥の感触を味わいダイナミックな遊びを楽しむ

6月

- 雨に興味をもち楽しい遊びを見出す
- 春から夏への移りかわりを感じる

3週目　雨を喜ぶ生きものがどこにいるか探そう

行事	・プール開き ・けやの森じゅうに絵を描こう

子どもの生活

自分で！
「脱ぐ」「着る」を自分でします。時間をかけ、集中して服のボタンをかけたりはずしたりします。

やってみたい！
友だちの遊ぶ様子を見て、興味がわいてきます。目についたことをまねたり、おもしろそうなことに自分から積極的に入ってみようとしたりします。

子どもの活動と保育者の姿

雨が好きな生きものは何かな？　雨の日の散歩に出てみよう！　☞日案2

- 雨の日でも散歩ができることを知り、レインコートを着て傘をささず散歩を楽しむ。

冷た～い！

- 水に慣れ親しみ、つくった舟を浮かべて遊ぶ。

水着に着替える、プールの準備をする、というのはとても時間がかかります。はじめは時間をたっぷりとり、手本を見せて分かりやすく指示をして、落ち着いて自分でできるよう見守りましょう。1人でできたときにはたくさんほめてあげましょう。脱いだ服をたたんでしまう、あとで着る服をそろえておく、水着を着る、バスタオルを所定の場所に置く、という手順を習慣にしましょう。

トントン！　葉脈まできれいにうつるかな？

- 庭に咲いている花や葉っぱを障子紙にはさんで木づちでたたき、たたき染めをする。

プールカードは、プール開催の毎日家庭で検温し、プール遊びが可能かどうか記し、捺印の上提出します。

保育者の配慮

✏️ **けやの森じゅうに絵を描こう**
園庭の遊具やフェンス、木々などに紙を貼りめぐらして絵の具で絵を描きます。「森」「海」などのコーナーを決めて、太い筆やタンポを使ってダイナミックにのびのびと描きます。最後にはボディペインティングにまで発展します。

家庭では、つい保護者が着替えさせてしまいがちですが、プール遊びを機におうちでも自分でできるように協力を促します。

自然の中で遊ぶ心地よさを感じる　　夏　手足で水や砂や泥の感触を味わいダイナミックな遊びを楽しむ

4 週目　育てたジャガイモを収穫しよう

- ジャガイモ掘り
- キャンプ説明会

6月　雨

お手伝いして！
着替えなど、自分でできないことがあるときには、泣くのではなくことばで伝えられるようにします。

○○ちゃん待って〜
気の合う友だちができて行動を共にします。「一緒にお弁当食べよう」などと誘いあいます。

大きいよ！
- 自分の手でジャガイモを掘る。

「いっぱいとれたよ！」と子どもたちは大喜び。大きい、小さい、重い、軽いを自分の手で感じさせましょう。

おっとっと、バランスとって！
- 雨の日も室内で身体を使って遊ぶ。

マットや1本橋、フープを使ってサーキットゲームにして繰り返しやってみましょう。
新聞紙をちぎったり丸めたりして新聞紙のプールで遊びます。片づけは大きなビニール袋に集めて大きなボールにします。楽しみながら片づけると、あっという間にきれいになります。

ジュース屋さんだよ！
- 色水遊びをする。

すり鉢に花びらを入れてすりこぎでスリスリ。色水ができたらほかの透明な容器に集めてごっこ遊びの始まりです。離乳食で使う大きさのすり鉢やすりこぎは子どもの手にもなじみやすく扱いやすいので数をそろえておくとよいでしょう。

> **キャンプ説明会**
>
> キャンプの目的とその日の流れを伝えます。保護者の心配に配慮しつつ、子どもたちが不安なくキャンプにのぞめるように、大きな気持ちで送り出してもらうことをお願いしましょう。

花の冠をかぶっておままごと

> **コミュニケーション**
>
> 自分の気持ちをことばにするのはなかなかむずかしく、子どもは保育者の「○○なの？」「○○したいの？」という問いかけにうなずくだけになってしまいがちです。「どうしたいの？」というように自分の口でいえるような声がけを工夫し、子どものことばがすっと口から出るような環境をつくることが大切です。

37

自然の中で遊ぶ心地よさを感じる　　夏　手足で水や砂や泥の感触を味わいダイナミックな遊びを楽しむ

6月 日案 1　フィンガーペイントで遊ぼう

ねらい
- 素手でヌルヌルの感触にひたる
- 色を混ぜ合わせて楽しむ

	9：30	9：45
子どもの活動	保育者から今日の予定を聞く ・フィンガーペイントについて話を聞く。	ボールに入った小麦糊を見る ・「これは何？」── 想像しながら保育者の話を聞く。 ・遊び着を着て外に出る。 ・外のテーブルにグループごとに集まる。 ・小麦糊のかたまりを一人ひとりの子どもの目の前に置いていく。 ・はじめは指で、その小麦糊の山に穴をあけてみる。
保育者の配慮		・小麦糊を見せただけで興味を示して早くさわりたいと思う子と、不安を抱き躊躇する子がいるので、全体の様子をよく見ておく。 ・小さく指を動かしたり、手のひらを使って大胆にかき回したり手にぬりたくったりと、いろいろな形で糊の感触を味わえるようことばをかけていく。 ・「ヌルヌル」「ツルツル」「グルグル」と子どもが発することばを聞きのがさず、どんな感じがするかことばや表情を引き出す。
準備・エトセトラ	**小麦糊をつくる** ①薄力粉に水と粉せっけん（衣服に付いたとき落としやすい）を混ぜながら火にかける。 ②焦がさないようによく混ぜて、もったりしてきたら火を止め、冷ましておく。 ③平らですべりのよいテーブルを用意する。またはテーブルにビニールを敷いておく。 ④わら半紙、絵の具（赤・黄・青・白）、手洗い用バケツを準備しておく。	・小麦にアレルギーのある子は、湿疹やかゆみのもとになるので、事前に注意しておく。

自然の中で遊ぶ心地よさを感じる　　夏　手足で水や砂や泥の感触を味わいダイナミックな遊びを楽しむ

10:20

感触を楽しみ、色を混ぜて絵を描く

- 指や手のひらで小麦糊を伸ばしたりこすったりしながら、そのなめらかなすべりを楽しむ。
- 感触のよさが分かり、だんだん手の動きも広範囲になってくる。
- 一人ひとりが赤・青・黄の中から好きな色をもらい、混ぜ合わせる。
- 隣の友だちと混ざり合ってできた色を喜ぶ。
- 指で描いた絵を紙で写しとる。

- 子どもたちが遊ぶかたわらで「ジェットコースターが坂道を登りはじめました。カチカチと一番上までくると、猛スピードで降りて回転して…」というような話をし、子どもたちが、話の情景をイメージし、それを絵にできるよう楽しませる。
- 感触に飽きてきたようなら絵の具を与え、隣同士で色を混ぜて色づくりを楽しむ。偶然できた色の発見に驚いたり感心したりできるようにする。
- 感触を楽しむことが大きな目的なので、存分にふれさせる。
- 子どもたち一人ひとりのつぶやきと表情をよく観察する。

ふり返り
- 素手で小麦糊の感触を楽しめたか。
- 混色を楽しめたか。

11:00

発表する

- 用意したバケツで手を洗う。
- 全員が集合して、「どんな感触だったか」「色が混ざり合ってどうなったか」など、気づいたことを発表しあう。
- テーブルをきれいに片づける。
- 遊び着を脱いで、手足の汚れをきれいに落とす。

- 子どもたちの表現したことばにうなずいたり共感したりして「いい表現ね！」ととりあげる。
- 躊躇していた子がだんだんさわれるようになったら「どんな感じだった？」と質問し、頑張ったことをほめる。
- 指で描いて紙で写しとった子の作品もみんなの前で披露する。

- とにかくグルグルと手をまわして満足する子、指で絵を描いては消してまた描く子、泣いて全くさわれない子、まわりの様子を見て少しずつさわれるようになる子、と子どもたちの反応はさまざまだが、どの子も「おもしろい！」と感じられるとよい。
- 片づけもみんなでできるとよい。あらかたの糊を手でとったら水をテーブルに流してぞうきんで洗い流していく。きれいにして終わることも満足感のある活動につながる。

6月　雨

6月 日案2 雨の日に散歩しよう

- ねらい
  - 雨粒の落ちる様子を見る
  - 雨の中の植物や虫に気づく

	9:30	9:45
子どもの活動	「梅雨」の意味を知る ・保育者の話を聞き、「梅雨」のことばの意味を知る。 ・「雨」の印象を発表する。 ・雨の中の散歩に必要なことを話しあう。	散歩に出かける ・自分でレインコートを着てみる。できないところを自分からことばにして保育者に頼む。 ・散歩のコースを聞く。 ・雨の中の散歩に出発する。
保育者の配慮		・梅雨は雨の日が多い。しかし、この雨が生きものや私たちの生活にとって必要なものであることを伝える。 ・「雨ばかりで外で遊べない」という不満の声に、「雨の中お散歩行こうよ」と誘い、子どもたちの表情を読みとる。意表をつかれて驚く子、喜ぶ子、嫌がる子がいる。
準備・エトセトラ	・雨が降ったら気づかせたいことや生きものについてポイントを絞っておく。 	・保護者に、雨が降ったら傘をささずに散歩に行くことを事前に伝えておく。 ・用意してもらうものは、レインコート（撥水性のよいもので、できれば上下セパレート）、長靴、タオル。 ・雨の降り具合は、シトシトよりも少し雨音がするくらいが楽しめる。 ・帰ってきてすぐ着替えができるように、イスの上に服を並べておく。

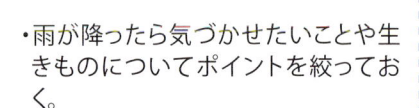

自然の中で遊ぶ心地よさを感じる　　夏　手足で水や砂や泥の感触を味わいダイナミックな遊びを楽しむ

10:00

雨の降る様子を観察する

- 歩きながら生きものを見つける──「どこにどんな生きものがいるかな？」
- 雨の降る様子を見てみる──葉に落ちる雨、水たまりに落ちる雨、アスファルトに落ちる雨、土に落ちる雨。また、クモの巣についた雨のしずくなど。
- 水たまりに入ってみる、泥の上を歩いてみる。

- 園の中や園の外でもみんなが立ち止まったり輪になったりできるような、安全な場所を選ぶ。
- 雨粒があたる場所によって音が違うことを感じさせる。
- 立ち止まって見たり聞いたりすることと、自分で動作をおこして楽しむことを設定する。
- 水がしみこんだり、はね返ったり、はじいたり、その違いに気づかせる。

- サトイモの葉があれば、水をはじく様子や雨のしずくが集まり大きな水滴になる様子を見せる。

ふり返り

- 雨の中の散歩を楽しめたか。
- 雨にぬれた木や葉の様子を見ることができたか。
- 雨の中の生きものを見つけることができたか。

11:00

感想を発表する

- 園に戻り、着替えをする。
- 汚れものを忘れずにもち帰るようロッカーにしまう。
- どこでどんなものを見つけたのか発表する。
- きれいと感じたものや不思議に感じたことも発表する。
- 雨の散歩をどう感じたか発表する。

- 初めての雨の日の散歩に喜々とした表情の子どもたち。見たことや感じたことをたくさん聞きあえるようにまとめの時間をとる。
- 一人ひとりの子どもの発表を聞き、感じたことからイメージを広げて深く考えたり想像したりできるように質問をしてみる。
- 子どもの目で発見したことを大切にする。
- 「また行きたい」という要望も出てくる。それを受け、次回の散歩に期待を持たせる。

- 帰ってきたらぬれたものを袋にまとめ、着替えをする。
- ぬれたところを自分でタオルできれいにふきとる。
- 身体が冷えた様子であれば、温かい飲みものを飲ませる。

6月　雨

7月 水

年間のねらい
自然の中で遊ぶ心地よさを感じる

夏のねらい
手足で水や砂や泥の感触を味わいダイナミックな遊びを楽しむ

月間のねらい
- 泥で遊び、泥の感触を楽しむ
- いろいろな水遊びのおもしろさを知る

子どもの姿
- 友だち関係が広がり、いろいろな友だちとかかわって遊ぶ姿が見られる
- 自分の思いや感じたことをことばで伝えようとする
- 天気のよい日には、水遊びや泥遊びを楽しんでいる姿が見られるが、中には嫌がる子もいる
- 暑くなり水分を欲しがったり食欲が落ちたりする子もいる

健康と安全

- 保護者にも夏に流行しやすい病気について知らせ、子どもの様子や健康状態を伝えあいましょう
- 暑さや疲れで体調を崩しやすい時期なので、十分な休息や水分・栄養補給を行いましょう
- 園庭や砂場周辺に危険なものが落ちていないか常に点検しておきましょう
- とびひや水いぼなどは放っておくと悪化し、感染しやすいので、気づいたらすぐに保護者に伝え、受診してもらいましょう

おひさまカンカン照りつけて
がまんできなくなりました
ヘビもスーッと川の中
私だって負けないわ
のぞいて　もぐって　とび込んで
水と仲よくなりました
ロープを張って川わたり
チューブにのって川下り
こわくて　楽しい　川遊び

ふり返り（評価）

- 泥や砂の感触を楽しむことができたか
- 水に親しみ、気持ちよさを味わうことができたか
- 水のこわさを知り、約束を守って遊ぶことができたか

自然の中で遊ぶ心地よさを感じる　　　夏　手足で水や砂や泥の感触を味わいダイナミックな遊びを楽しむ

7月

- 泥で遊び、泥の感触を楽しむ
- いろいろな水遊びのおもしろさを知る

1週目　裸になってダイナミックな水遊びを楽しもう

行事

- 避難訓練

子どもの生活

遊ぼ！
友だち同士のぶつかりあいの中で、相手の気持ちを理解します。

わたしを追いかけて―
追いかけたり、つかまえられたり、全身を使って、力いっぱい走ることができるようになります。

子どもの活動と保育者の姿

朝顔ぐんぐん
- 朝顔のツルがフェンスに巻きついている様子を観察する。

「大きくなったね～」「何色の花が咲くかな？」と子どもたちとことばをかわしながら日々の成長を感じて花の咲く日を楽しみにしていきます。

お水は気持ちがいいね！　☞日案1
- カヌー遊びをする。

水遊びが大好きな子どもたち。川へ行って、流れに乗ってカヌー初体験。しっかり話を聞いて、楽しくカヌーに乗ります。

初めての料理！　ジュージュー
- 収穫したジャガイモを料理する。

どんなメニューにするか、みんなで食べたいものを相談するところから始めましょう。料理は子どもたちにとって魅力的な活動ですが、危険も伴います。事前にしっかり伝えるべきことを伝え約束を守らせて、楽しさの中にも緊張感を持たせましょう。

保育者の配慮

- さまざまな遊びや体験を通して友だち関係に広がりが見られます。クラスの中でも気の合う友だちができ、それぞれ安心して生活できるようになってきます。ありのままの姿、素直な気持ちを表現して園生活を楽しめるようにしていきましょう。

急に暑くなるので、家庭にも休息の大切さをしっかり伝え、降園後も健康状態に配慮してもらいましょう。
着替える機会が多くなる時期なので、着脱しやすい服を用意してもらうよう事前に保護者に伝えておきます。
すべてのもち物への記名をお願いしておきましょう。
汚れものをもち帰ったら、翌日また補充して園にもってきてもらうようにします。

自然の中で遊ぶ心地よさを感じる　　　夏　手足で水や砂や泥の感触を味わいダイナミックな遊びを楽しむ

2週目　七夕について知ろう

- 七夕の集い
- 7月の誕生会

汚れたから着替える！

たくさん遊んで汚れたら着替えをします。汚れたままでいると気持ちが悪いということを感じます。

大きくなったらケーキ屋さんになりたい！

「お星さまに願いごと、何にしようかな？」
ハサミを使ってきれいな飾りもつくります。

やったー！　今日もプールだ！

- 天気のよい日はプールに入る。

体操をして身体をほぐしシャワーを浴びて腰洗い槽につかり、プールに入ります。
少しずつ身体を水でぬらしサイドにすわります。
円になって、ワニ歩き、アヒル歩きをして徐々に水に親しみます。スーパーボール拾い、フープくぐりなど遊びを工夫して抵抗なく顔も水につけられるようにしましょう。

♪「ささのはさ〜らさら」、みんなのお願いごとは何かな？

- 紙芝居や絵本を通じて七夕を知る。

事前にハサミやのりを使って七夕飾りをつくったり歌をうたったりして、七夕の日を楽しみにします。夜空の星にも興味が持てるよう、素話をします。

色が変わった！

- 5月に植えたミニトマトを観察する。

「青い服から赤い服に変わったね〜」と声をかけて色の変化を感じさせ、食べごろを知らせます。

サツマイモが見えなくなっちゃった！

- 畑で草とりをする。

サツマイモの葉と雑草との違いを知り、注意深く草とりをします。サツマイモを大きく育てるためにどうしたらよいか考えます。

7月　水

七夕をきっかけに、夜、家庭でも空の星を見るなどして、家族で七夕のファンタジーの世界を楽しみ、星に関心をもってほしいと伝えます。

草とり

初めての草とりは、保育者が最初から指示するのではなく、まず育っている苗やまわりの様子を見せます。苗を大きくするためにどうしたらよいかを考えさせ聞き出しながら、抜いてよい草か否かを示していきます。きれいになったら必ずほめてあげましょう。

自然の中で遊ぶ心地よさを感じる　　夏　手足で水や砂や泥の感触を味わいダイナミックな遊びを楽しむ

7月

- 泥で遊び、泥の感触を楽しむ
- いろいろな水遊びのおもしろさを知る

3週目　夏の野菜が大きくなる様子を見てみよう

行事	・幼稚舎半日保育 ・終業式、年少中児園内キャンプ ・個人面談

子どもの生活

たたんだよ！

プールのときや汗をかいたときなど、着替える機会が増えてきます。自分のもちものという意識をもち、たたんで片づけます。

みんなでカレーライス食べるんだよ

不安を抱えながらもちょっぴり楽しみなキャンプ。「夜の幼稚園ってどんなところかな？」

子どもの活動と保育者の姿

今日も、明日も、水遊びしたいな！

- 水に慣れてきたら、顔を水につける。

  水に顔をつけられるようにプールの底におはじきを置いて、それをとる練習をしたりして、環境を工夫しましょう。プールに入れない日も水着に着替えて泥んこ遊びをしましょう。

見て〜！

- ゴーヤの成長を観察する。
- 水やりをしたり、さわってみたり、においをかいでみたりする。

  葉っぱがかじられている様子に気づかせ、どんな虫がやってきたのか想像し、探してみましょう。

いよいよ年少キャンプ！　☞日案2

- 終業式のあと一度降園し、夕方また登園する。
- ひたし染めをした障子紙を牛乳パックに貼って燈篭（とうろう）をつくる。

  1学期を締めくくる園内キャンプ。夜の園でみんなと一緒にごはんを食べたり、キャンプファイヤーをしたり、非日常の生活はワクワク、ドキドキ。前向きな気持ちで参加できるように楽しく話をしていきます。

🖊 **終業式**

1学期に頑張ったことなどを自分なりに発表します。それを自信にし、この日の夜のキャンプ、そして2学期の生活につなげていけるように声かけをします。

保育者の配慮

🖊 **園内キャンプ**

年少・年中児が参加するキャンプです。年少児はキャンプファイヤーのあと帰宅します。夕方の再登園では子どもをスムーズに預かることがとても大切です。保護者からの受け入れに時間がかかるとそれだけ子どもも気持ちが切り替えられなくなってしまいます。サッと引き渡してください、とご家庭に伝えておきます。

🖊 **個人面談**

4月のはじめに保護者と決めた1年間の成長の目安に沿って、学期末（長期の休みの前）に成長した点やこれからの課題について保護者と面談します。相互理解のもと、同じ方向に向かって子どもの育ちを援助していきます。

自然の中で遊ぶ心地よさを感じる　　　夏　手足で水や砂や泥の感触を味わいダイナミックな遊びを楽しむ

4 週目　夏の空や雲を見てみよう

・夏休み

しっかりふこう！
汗をかいたらタオルでふくことを習慣化していきます。清潔に身体を保つことが大切であるということを知らせ、自分でできることはやるよう促します。

お水がキラキラしてる！
「プールにはったお水が光ってる!」「水が揺れてるね」── 大きいプールで大発見です。

♪しゃぼんだまとんだ〜

・しゃぼんだまを空に向かって吹いてみる。

　大きいしゃぼんだまはどうすればできるかな？息の吹き方を工夫してみましょう。

モクモク、まっ白な雲だね〜

・夏の空、雲を見てみる。
・汗をたくさんかいて外で思い切り遊ぶ。

　青い空に白い雲。太陽もギラギラしています。空の色、雲の形、雷、虹などの自然現象に興味が持てるようにことばがけをしましょう。

コミュニケーション
子ども同士のトラブルについては、互いの気持ちを十分に受け止め、自分の気持ちをことばで伝える、ということをそのつど教えていきましょう。

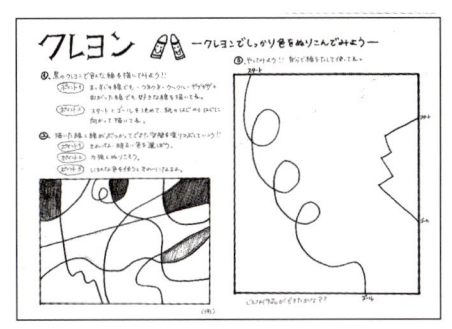

7月　水

・水遊びやプールのあとの休息はしっかりとります。部屋の中にゴザを敷いて横になれるようにします。そして、こういう機会に「耳で聴く素話」や童話の読み聞かせをします。ひとつの楽しみになると同時に、継続して聞く時間、イメージをふくらませる時間になります。
・汗の始末など、暑さに応じた生活の仕方を意識して指導していきましょう。
・水遊びの前には準備体操を行い、体調が思わしくない子や恐怖心のある子には無理をさせず、一人ひとりに合わせた援助を行いましょう。

自然の中で遊ぶ心地よさを感じる　　夏　手足で水や砂や泥の感触を味わいダイナミックな遊びを楽しむ

7月 日案1

カヌーに乗って遊ぼう

- ねらい
  - 水に慣れ親しむ
  - 危険を知って楽しく遊ぶ

	9:20	9:45
子どもの活動	今日の予定を聞く ・部屋に集まって話を聞き、川へ出かけ、カヌーに乗ることを知る。 ・もちものをそろえ、準備をする。 ・トイレに行く。 ・帽子をかぶって外に並ぶ。 **もちもの** ・バスタオル ・着替え一式 ・替えの靴 ・温かい飲みものの入った水筒	園バスに乗って川へ出かける ・バスの中で、今日楽しみにしていることを伝えあう。 ・川に到着したら、荷物を並べて置く。 ・ライフジャケットを装着。 ・川の話を聞く。 ・カヌーについて話を聞く。 ・準備体操をする。
保育者の配慮	・川に出かけることは楽しみもたくさんあるが、危険なことはしっかり伝えておく。 ・保育者の話をよく聞く。 ・危険を気づかせる。 ・活動をシミュレーションさせる。 ・服装は、長そで（ぬれても重くならない化繊のもの）、長ズボン、運動靴。 ・当日の服装、もちものを事前に伝えておく。 ・もちものをリュックに入れてくる（バスタオル、着替え一式、替えの靴、水筒）。	・自分の荷物は自分で場所を決めて置く。 ・川についての危険なことを聞く。 どこが危険か（急流や荒瀬、カーブしている所など）、どんなふうに危険か（急に深くなったり、流れが早くなるなど）、こわいと思ったらやめるなど。約束を守って遊ぶことを確認する。 ・保育者が実際に川に入ってみる。どこがどういう状態か皆に見せる。 ・ライフジャケットがきちんと装着できているか、1人ずつ確認していく。 ・身体をほぐすためしっかり体操する。
準備・エトセトラ	・保護者にも事前に呼びかけ、数名のお手伝いをお願いする。親には川の安全管理（川下に立ってもらう）や、着替え、排泄のお手伝いを頼んでおく。 ・大人が多数いても安全にはつながらないので、現場で詳しく説明し、きちんと役割分担しておく。	・バスの中も保育の場なので、子どもたちと会話しながら気持ちを高めていく。 **園から準備するもの** ロープ、ライフジャケット、カヌー、カヌーパドル、テント、シート、マット、バスタオル、救急用品（タンカ、毛布なども）

自然の中で遊ぶ心地よさを感じる　　　夏　手足で水や砂や泥の感触を味わいダイナミックな遊びを楽しむ

10:00	10:45
カヌーに乗る ・カナディアンカヌーに友だちと乗る。 ・一人でカヌーをこいでみる。 ・カヌーの乗り方、降り方を知る。 ・パドルの持ち方、使い方を知る。 ・休憩をとり水分補給をする。 ・岸辺で川遊びを楽しむ。	まとめをし、バスに乗って園に戻る ・カヌーを片づける。 ・ぬれた身体をふいて、着替えをする。 ・カヌーに乗った感想、川の印象を発表する。 ・保護者にお礼を言う。
・1人でカヌーに乗る場合、必ず大人が先導する。 ・不安な子、恐怖心を持つ子もいるので、保育者が一緒にいることを伝え、安心できるような声かけをする。 ・川の流れを感じ、風を切って進む気持ちよさを味わわせる。 ・水しぶきを浴び、水面で水が光っている様子や水の美しさ、冷たさを感じさせたい。 ・一通りカヌーに乗ったあとは、希望を募り、続けてカヌーに乗る子、川べりで虫探しをする子に分かれてもよいが、誰がどこで何をするか、しっかり把握しておく。 ・最後に、川の流れに乗ってライジャケ流れをするために大人が1人ずつつきそう。力を抜いて流れに身を任せることを伝えて楽しませる。	・できることは自分たちも手伝って片づけをする。 ・基本的に自分で着替えるよう促すが、できないこと、やってほしいことは伝えられるように話しておく。 ・安全に楽しく遊べたこと、川の気持ちよさが味わえたこと、子どもたち自身が考えて安全に行動できたことをほめる。また、協力してくれた保護者にお礼が言えるように導く。 ・川遊びやカヌーの楽しさについての子どもたちの生の声をその場で聞いて、保護者に通信で知らせてあげるとよい。
・常に全体を見て一人ひとりの状態を把握する保育者も必要。楽しく安全に遊ぶための分担と連携が重要。 ・身体が冷えてしまった子は温かい飲みものを飲ませ、着替えさせるなどして、テントの中で暖をとらせる。	**ふり返り** ・こわがらずに水に親しむことができたか。 ・約束を守ってカヌーを楽しむことができたか。 ・自分で考えて行動できたか。 ・困ったことは先生に伝えられたか。

7月 水

ライフジャケット

浮力体を布で包んだチョッキ型の救命胴衣。川に入るときに溺れるのを防ぐために身につけます。カヌーに乗るときは、大人も子どもも着用します。ライフジャケットを着たまま、川の流れに身をゆだねて遊ぶ「ライジャケ流れ」を楽しむこともできます。

自然の中で遊ぶ心地よさを感じる　　夏　手足で水や砂や泥の感触を味わいダイナミックな遊びを楽しむ

7月 日案2　年少キャンプを楽しもう

ねらい
- ユーキーホーのこわさ、偉大さにふれる
- 身のまわりのことは自分でする

	17:20	17:30
子どもの活動	けやの森キャンプ村入村 ・保護者と別れ、担任と挨拶をして部屋へ入る。 ・お手ふきタオルは所定のところにかける。 ・給食袋はグループ別にカゴに入れる。 ✏️ **ユーキーホー（勇希望）** けやの森に住んでいる勇気と希望の神。まっ黒な服をまとい、まっ赤な顔で1年に1回キャンプの夜に勇気と希望の火を灯しに姿を現します。「いじわるしていないか？」「うそをついて困らせている子はいないか？」と火をかざし、緊張感の走る瞬間です。普段はけやきの木の高いところからみんなのことを見守ってくれていると子どもたちは信じています。	入村式に参加する（もり組と一緒に） ① ♪「キャンプだホイ」を歌う。 ② 村長の話を聞く。 ③ 自己紹介。年少中児が向かい合い、名前を言う。 ④ 楽しみにしていることを発表する。 ⑤ 今日の予定を聞く。
保育者の配慮	・天気がよければ門で受け入れをする。 ・時間をかけず素早く受け入れる。 ・顔色や表情を読みとり、明るく声をかけ部屋へ促す。 ・子どもたちをスムーズにお預かりできるように、保護者にも速やかに帰ってもらうことを事前によく伝えておく。	・昼間生活している園ではなく「けやの森キャンプ村」に来ている雰囲気をつくる。 ・不安や緊張を抱えて登園してくる子も多くいるので、楽な気持ちで参加できるよう、目と目を合わせてしっかり受け入れ安心させる。 ・明るく楽しく大きな声で歌をうたったりして、保育者自身が楽しげな様子を見せる。
準備・エトセトラ	・燈篭を手づくりしキャンプに期待をもたせる。 ・入村時刻（17:20）までに外のテーブル、蚊取り線香などを用意し、夕食のためのセッティングをしておく。 ・子どもたちが入村してきたときに自分で支度ができるよう、テラスにカゴなどを準備しておく。 ・年中児は宿泊するため、事前にシュラフを陽に干すなどして計画的に準備を進め、当日を迎える。	・門や園内の各所に金魚の形の「ねぶた」や燈篭を灯し、普段の園と違う雰囲気をつくる。 ・職員間でも役割を分担し、キャンプがうまくいくように配慮しあう。 ・ほかの保育園児の迎えとキャンプに参加する年少児の送りで混雑しないよう、あらかじめ送迎の場所を決めておく。

自然の中で遊ぶ心地よさを感じる　　　夏　手足で水や砂や泥の感触を味わいダイナミックな遊びを楽しむ

18:00

園庭で夕食をとる
- デザートを食べたら、いつも通り皿をきれいにふきとり片づける。
- 帰り支度をし、部屋で静かに待つ。
- 「一言も話さない」などのキャンプファイヤーの約束事を確認する。

19:00

キャンプファイヤー
① ユーキーホー登場、点火　④ 子どもたちの出し物
② ♪「もえろよもえろよ」　　⑤ 手遊び
③ ♪「キャンプだホイ」　　　⑥ 職員の出しもの
　♪「ガチャガチャバンド」　⑦ ♪「今日の日はさようなら」

- 子どもたちの大好きなカレーライスを夕食にして楽しく話をしながら食べる。
- だんだん暗くなると不安が増すので、キャンプファイヤーへの楽しみにつないでいく。
- 夕食後は帰り支度をすることを伝え、心を落ち着かせていく。
- けやの森に、勇気と希望の神「ユーキーホー（勇希望）」がいることを知らせる。
- キャンプファイヤーの点火の場面はセレモニーとしておごそかに演出し、ユーキーホーが立ち去ったら調子を変えて明るく盛り上げていく。

- 夕食後は、すぐにキャンプファイヤーの準備をする。
- キャンプファイヤーの進行役は風下に立ち、火の勢いや風向きを考えて子どもたちの立つ位置を決める。
- ファイヤーキーパーを決めて薪で火の調節をし、炎の盛り上げや終息を演出する。

20:30

解散
- キャンプファイヤーの火を、自分でつくった燈篭にもらい移動する。
- 保護者の待つ場所へ行き、参加できたごほうびとしておみやげをもらってあいさつをして帰る。

- 最後まで参加できたことをほめる。
- ユーキーホーにもらった勇気と希望の灯を手づくりの燈篭に移し、危なくないように導いて保護者の待つ場所へ移る。
- 子どもの様子を1人ずつ簡単に報告する。
- 緊張を解いてゆっくり休むことを伝える。
- 夏休みに入ってしまうので子どもたちの感想を直に聞くことができないため、保護者にアンケートの提出をお願いしたり、あとで様子を聞いたりする。

- 宿泊する年中児のことを考慮して、保護者には静かに帰宅してもらいたいことを伝える。
- 子どもたちが帰宅したことを確認したら園庭のファイヤーの片づけをして元の状態に戻す。

> **ふり返り**
> - 自分のことは自分でできたか。
> - 友だちとキャンプを楽しむことができたか。

7月 水

8月 太陽

年間のねらい
自然の中で遊ぶ心地よさを感じる

夏のねらい
手足で水や砂や泥の感触を味わいダイナミックな遊びを楽しむ

月間のねらい
- 水遊びをダイナミックに楽しむ
- 夏の虫を探してみる

子どもの姿
- 生活の流れが分かり、身のまわりのことを自分でしようとする
- 水遊びに興味をもち、水にふれることを楽しんでいる
- 遊びや生活を通して異年齢児とのかかわりが増え、交流する姿が見られる

子どもを自然の中にいざなうとき
子どもに何が与えられるかを
私はいつも考えます
自立とは　自分の力で生きること
自由とは　自分の考えで生きること

健康と安全

- 子どもたちに疲れが出やすい時期なので、規則正しい生活を送る大切さを知らせ、家庭にも協力を求めましょう
- 感染症や皮膚疾患、熱中症などの予防について家庭にも知らせ、健康管理を働きかけていきましょう

幸せとは　精一杯生きること
子どもは自分の手で
これらのことをつかみとってくれる
私は　そう信じているのです

ふり返り（評価）

- 健康で安全に夏の遊びを楽しむことができたか
- 冷房の部屋ばかりで過ごさず、暑さに負けず戸外（涼しい木陰など）で遊ぶことができたか
- 夏の虫にふれて興味をもつことができたか

自然の中で遊ぶ心地よさを感じる　　夏　手足で水や砂や泥の感触を味わいダイナミックな遊びを楽しむ

8月

- 水遊びをダイナミックに楽しむ
- 夏の虫を探してみる

1週目　大きなプールに入り水の中の遊びを楽しもう

行事
- 避難訓練

子どもの生活

ボタンかけ、むずかしいよぉ～
身のまわりのことや次の活動の準備などを自分からしようとします。

お姉さんたち何してるのかな？
一緒に生活する機会が増えて、いろいろなことに興味津々。ついじっと見入ってしまう…。

子どもの活動と保育者の姿

水の中ってきもちがいいな！

- 水の中でダイナミックな遊びを楽しむ。

　牛乳パックのバケツで水運び、フープくぐり、水にもぐって宝探し、水中じゃんけん、ビーチボールバレー、みんなで手をつなぎ輪になってグルグル回り、渦巻きをつくるなど。

- プール遊びはエスカレートすると危険な場合がある。

　不用意に水をかけない、突然飛び込まない、プールサイドでは走らない、帽子をかぶるなどそれぞれの園のプールの環境に合わせて子どもたちと約束を決めておきましょう。水の温度や消毒、水位には細心の注意を払いましょう。

保育者の配慮

- 暑い時期ですが、規則正しく生活できるよう園での生活リズムを大切にし、休息をとりながら健全な生活をしていきます。汗をかいたら「汗をふこうね」、外で遊んだ後は「お茶を飲もうね」などと声をかけ、生活の流れの中で夏の過ごし方を意識させていきましょう。
- 登園してくる子どもは限られていますが、この機会にゆったり、一人ひとりとのかかわりを深めたいと思います。また1学期の生活の反省をして、もう1歩引き上げる援助をしていきます。

晴れた日には水遊び、泥遊びを楽しみます。すべてのもちものに記名を忘れないよう保護者に伝えておきましょう。

自然の中で遊ぶ心地よさを感じる　　　夏　手足で水や砂や泥の感触を味わいダイナミックな遊びを楽しむ

2 週目　手仕事をしよう

「入れて！」「いいよ！」
ことばで自分の思いを伝え、はっきりと自己表現します。

さきおりの続きをしようっと！

- 自分の好きなことにコツコツと継続的に取り組む。
- プールで遊んだあと、または、気温が低くてプールに入れないときにも手先を使ってものづくりに励む。**手仕事**はやりたいときにやりたいだけ自分で目標を決めて進める。

> ✏️ **手仕事**
> 「織りもの」「縫いもの」「編みもの」「釘うち」など、昔ながらの工芸です。心を落ち着かせ、時間をかけて黙々と作品に打ち込み、完成させます。

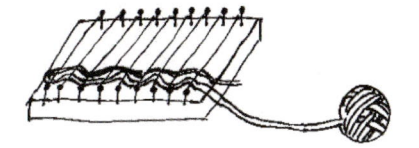

8月
太陽

- まれに、泥がはねて目に入ることがあります。あわてずに、まずきれいな水で洗い流しましょう。そしてきれいなタオルで顔全体をふきましょう。
- バケツを用意しておき、泥遊びのあと、部屋に入る前に泥んこの手を洗い流しましょう。あらかたの砂や泥を落としてから水道でしっかり手を洗うようにします。足も同様に足洗い用のタライでタオルを使って汚れをしっかりと落とします。泥んこになってもきれいに洗い落とせる気持ちよさも伝えます。

自然の中で遊ぶ心地よさを感じる　　夏　手足で水や砂や泥の感触を味わいダイナミックな遊びを楽しむ

8月

- 水遊びをダイナミックに楽しむ
- 夏の虫を探してみる

3週目　夏の野菜を収穫して食べてみよう

行事	
子どもの生活	きれいだね！ ゴーヤが急成長し、花が咲きました。「緑の実が大きくなってきたよ」　　お庭のひまわり咲いたよ！ 「ひまわりって大きいね」「背が高いね」「ぼくとどっちが大きい？」「花も大きいねー」
子どもの活動と保育者の姿	**だんだん大きくなってきたよ！** ・ミニトマトの収穫をする。　☞日案1 テラスのトマトが急成長し、緑色の小さな実をたくさんつけていたのが、ぷっくりと丸くなってきました。何色になるのか楽しみにし、葉っぱのにおいをかいでみます。おいしそうに育ったら、みんなで収穫し食べてみましょう。畑にも行ってみましょう。 **夏のお花で遊んでみよう！** ・アサガオの花ふうせん ・ムクゲ、フヨウの色水遊び 　咲き終わった花を集め、水を加えて割りばしで細かくつぶします。無色透明ですが、トロトロの液ができます。 ・おしろい花のお化粧ごっこ ・おしろい花のパラシュート 　茎と花の境のところをやさしく引っ張ると、スーと伸びます。高い所から落としたり上に投げたりするとクルクル回りながら落ちてきます。 ・ひまわりの茎遊び 　茎を半分に割ると中にスポンジのようなやわらかいものが入っています。しごいてとって集め、ごっこ遊びに使います。
保育者の配慮	・この時期にこそ、どこにでもある土や水とふんだんにかかわらせましょう。太陽の光や風のそよぎを感じながら、土や水の質感を身体全体で味わいます。手の先から腕、胸、おなか、足の裏に至るまで、全身の感覚が動員されます。十分なじみ親しむと心の底から満足します。かたさ、やわらかさを簡単に変えながら多様な遊びが広がるとてもよい自然の教材です。

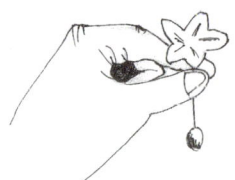

自然の中で遊ぶ心地よさを感じる　　夏　手足で水や砂や泥の感触を味わいダイナミックな遊びを楽しむ

4 週目　夏の虫にふれてみよう

- 登園日

○○したよ！
「夏休みはどう過ごしてる?」——　お互いの話をゆっくり聞きながら会話を楽しみ、久々の再会を喜びあいます。

これ、なあに？
木の根元に茶色いものが…。「軽くてカシャカシャ音がするよ。お兄さんに聞いてみよう!」

セミのぬけがら見つけたよ！
- みんなでぬけがらを探し、大きさの違いや見つけた場所の違いをじっくりと観察する。

「見て、ぼくも見つけたよ!」とうれしそうに、そーっと持って見せにきてくれる子どもたち。よく見てみると、殻の大きさが違います。おしりの模様の違いなどにも関心をもち、比べっこしてみます。

あっ！セミがいるよ！　☞日案2
- 園庭や林の中を探検し、セミを探してつかまえてみる。
- セミのからだを観察する。

子どもたちは生きものが大好き。大きな木を見上げ、セミの鳴き声をたどってみましょう。セミをつかまえたら、観察して、夏ならではの虫とのふれあいを楽しみましょう。

カブトムシってカッコイイ！
- こわがらずにふれてみる。

ケースから出して、エサをかかえている様子をそばで見ている子どもたち。黒くて光っていて強そうで、憧れの虫です。セミとは違う夏の虫を、関心を持って見ています。

- 登園日には、一人ひとりの様子をしっかり見て、子どもたちの「あのね!」をたくさん聞きましょう。
- 水遊び終了に伴い、使った遊具や用具を自分たちで洗ったり片づけたりしましょう。
- 水遊びの準備や後始末の仕方を分かりやすくするために環境の構成をし、自分でできることは自分でやってみるよう励ましていきましょう。できないことはやり方を知らせながら、丁寧にかかわりましょう。
- 異年齢の友だちの遊ぶ様子を見て、まねをしたり、ヒントを得て遊びを広げたりしていけるよう、声かけをしていきましょう。

8月　太陽

白然の中で遊ぶ心地よさを感じる　　夏　手足で水や砂や泥の感触を味わいダイナミックな遊びを楽しむ

8月 日案1 ミニトマトを収穫しよう

ねらい
- ミニトマトを」寧に収穫する
- 収穫してすぐミニトマトを味わってみる

	9:20	9:45
子どもの活動	畑に出発する ・帽子をかぶり、タオルをもつ。 ・ペアで歩いていく。	畑のまわりを見まわし、草とりをする ・春に植えたサツマイモの様子を見る。 ・雑草が伸びていることに気づく。 ・夏野菜の収穫どきを知る。
保育者の配慮	・暑い中を歩いて行くので、短時間で戻れるよう目標を明確にしておく。	・「ワァ、草ボーボー」という声が聞こえてくるので、草がボーボー生えていると困ることを考えさせ、「どうする？」と問いかける。そこから草とりが必要であると感じさせ、草とりをさせる。 ・力を入れて草を抜くことを伝える。 ・抜いた草を1カ所に集めてその量を確かめ、スッキリしたことを実感させる。
準備・エトセトラ		・汗をふくタオル、泥汚れの手をふくぬれタオルを持参する。 ・水分をこまめにとるよう促す。

自然の中で遊ぶ心地よさを感じる　　　夏　手足で水や砂や泥の感触を味わいダイナミックな遊びを楽しむ

１０：３０

ミニトマトをとる
- 同じ畑のミニトマトの収穫をする。
- とったその場で食べてみる。
- 口に入れた瞬間にはじける皮の張りやみずみずしさを味わう。
- たくさんとって園にもち帰る。

１１：００

園に戻る
- トマトを調理室にもっていく。
- 今日の給食に出してもらえるようお願いする。

１１：３０

ミニトマトを食べる
- 給食にミニトマトが使われたことを喜び食する。

- 暑いので、子どもたちの様子を見ながら無理のないようにする。
- 収穫したミニトマトをその場で食することで、そのものの味を味わわせたい。感覚的に舌で感じたおいしさは忘れられないものとなるので、貴重な機会にしたい。
- その味わいをことばにして伝え合い、いろいろな表現を楽しませる。
- 園のプランターで育てたミニトマトとの違いを聞いてみる。

- その日のメニュー以外のものになるが、協力を得て調理してもらったり、その日に給食に加えてもらうよう、事前に連携態勢を整えておく。

- ミニトマトが苦手な子も、まわりの子どもたちの様子を見るとつられて食べられる場合がある。
- 畑係のお母さんたちが栽培したミニトマトを収穫させていただく。お母さんたちも畑に来ているので、子どもたちが収穫したり、食べて「おいしい！」と言ったりするのを一緒に喜んでもらう。

ふり返り
- ミニトマトをじょうずに収穫することができたか。
- 収穫してその場で本物の味を味わうことができたか。

- たくさんとれた場合は、袋に詰め、子どもたちがお店やさんになって、保護者に買ってもらうことを考えるとよい。

ミニトマトの販売
- １個10円などと分かりやすくし、実際にお金のやりとりができると、数や社会とのかかわりの学びとなる。

８月　太陽

自然の中で遊ぶ心地よさを感じる　　夏　手足で水や砂や泥の感触を味わいダイナミックな遊びを楽しむ

8月 日案2

セミをつかまえてよく見てみよう

ねらい
- 木にとまっているセミを見つける
- つかまえたセミの目や口、からだに興味をもつ

	9:45	10:00
子どもの活動	セミの話をする ・朝の会でセミの話が出たことをきっかけに、鳴き声、色、形、ぬけがらなど、セミについて知っていることを発表する。 	セミをつかまえる ・戸外へ出て、涼しいところで遊ぶ。 ・帽子をかぶり、高い木の下へ行く。 ・好きな場所で気の合う友だちと遊ぶ。 ・「見つけたー！」という1人の子どもの声に皆が集まる。虫とりアミをもって走り寄ってくる。 ・「貸して」と虫とりアミを欲しがり、とろうとする。 ・セミをつかまえる。 ・地面にあいている穴に気づく。
保育者の配慮	・子どもたちの発表を、うなずいて聞く。 ・セミの鳴き声などの子どもたちのいろいろな表現に注目して聞いてみる。	・涼しい木陰で遊ぶように伝える。 ・子どもたちと、高い木で鳴くセミの声を聞きながらセミを探してみようと誘う。 ・セミは木ばかりでなく、家の壁や塀にいることもある。どんなところにどんなふうにしているのか、見たことのある場所を子どもに質問し、セミについて知っていることを聞く。 ・セミはどこから来るのか投げかけてみる。
準備・エトセトラ	・夏休みに入り、ますますセミの声が力強く感じる。「ジージー」「ミンミン」とあちこちで鳴くセミに興味をもつ。 ・どこにいるか鳴き声をたよりに探す…そんな日々が続く。 	・アミや虫カゴを用意しておく。 ・いつでも見られるように、図鑑の用意をしておく。 

自然の中で遊ぶ心地よさを感じる　　　夏　手足で水や砂や泥の感触を味わいダイナミックな遊びを楽しむ

10:30

つかまえたセミを調べる

- つかまえたセミをみんなで見てみる。
- セミの種類を調べる。
- 気がついたことを伝えあう。友だちの発見も聞く。
- 手でふれてみて、その感触についてことばにしてみる。
- 「なぜ？どうして？」というふしぎや疑問を発表する。
- 穴を見つける。セミのぬけがらにも気づく。
- セミのぬけがらを集める子どももいる。

- 保育者がセミをしっかり持ち、子どもたちに「目」「口」の位置を聞いてみる。
- からだについて、エサについて、保育者の話を聞くだけではなく、自分で考えたこと、想像したことを伝えられるよう、投げかけてみる。
- 虫が苦手な子もいるので、無理強いをしないで関心が持てるようにする。
- セミの種類を知り、鳴き声やからだの違いにも興味が持てるようにする。

ふり返り
- セミをさわることができたか。
- セミのからだに興味をもつことができか。

11:00

セミの一生の話を聞く

- セミの一生について話を聞く ── セミの多くは土の中で7年間過ごし、成虫になってわずか7日の命であることなど。

- 話を聞いてセミの羽化と園庭の穴の関係に気づかせ、今後の発見や理解につながるようにする。
- 本物を間近に見た感想を聞いてみる。

- セミの一生を知らせると、今後見つけたセミを見る目が変わってくる。その変化を感じとる。
- タイミングよくつかまえることができない場合もあるので、そのようなときには写真や図鑑を見せると、関心をもつことができる。
- 活動として取り組んだことや伝えた内容などを家庭にも伝えて、子どもと興味を共有してもらうと、セミをつかまえたときの感動も共有できる。

8月　太陽

9月 空

年間のねらい
自然の中で遊ぶ心地よさを感じる

秋のねらい
目や耳や肌で秋から冬への季節の移りかわりを感じ楽しむ

月間のねらい
- 戸外で思いきり身体を動かして遊ぶ
- 澄みきった空に秋の気配を感じる

清く澄んだ大空を
小鳥になって　飛びたいな
高い空をどこまでも
ジェット機みたいに飛びたいな

子どもの姿
- 夏の疲れが出るなどして、生活のリズムが乱れる姿が見られる
- 戸外に出て自然にふれたり身体を動かしたりして遊ぶ機会が多くなる
- いろいろな友だちとおしゃべりしたり、ごっこ遊びを楽しむようになる

健康と安全
・生活リズムの変化や残暑などにより疲れが出るため、休息や水分を十分とれるようにしましょう

太陽さんに　こんにちは
まぶしくって　目も開けられないよ
あらあら　たいへん飛びすぎて
川も野原も人間も
豆つぶみたいに　なっちゃった

ふり返り（評価）
・簡単なルールや約束をつくり、友だちと一緒に戸外で身体を動かすことができたか
・さまざまな自然物に興味・関心をもち、季節の移りかわりを感じることができたか

自然の中で遊ぶ心地よさを感じる　　秋　目や耳や肌で秋から冬への季節の移りかわりを感じ楽しむ

9月

- 戸外で思いきり身体を動かして遊ぶ
- 澄みきった空に秋の気配を感じる

1週目　空を見上げ、空の色や雲の形の違いを見てみよう

行事	・始業式

子どもの生活

また、みんな一緒！
久しぶりにクラスのみんなが集まり、再会を喜びます。夏の経験を生かし、意欲的に活動していきます。

○○ちゃん、あのね…
「あのね」に続くことばから、友だちと楽しい気持ちを伝えあいます。

子どもの活動と保育者の姿

うわ～こんなに！
- 畑にサツマイモの様子を見に行く。

サツマイモのツルがいっぱい伸びている様子を観察します。イモの部分はどうなっているのか想像して話しあってみます。

ぜひ来てね！
- おじいちゃん、あばあちゃんに秋のプレイデイのお誘いのハガキを書く。

敬老の日について子どもたちに教え、お年寄りにいたわりや感謝の気持ちがもてるようにしましょう。

あの雲、お魚みたい！
- 夏の雲との違いに気づく。

目線を上に向けて、雲の形や流れ、空の色など、夏との違いに気づかせましょう。雲を見て、何に見えるかな？とみんなで思いつくまま言ってみましょう。時間が経つと、どんどん形が変わっていくことにも気づきます。

保育者の配慮

- 始業式後に、祖父母のあて名を書いたハガキをもってきてもらいましょう。
- 残暑や季節の変わりめの気候の変化で夏の疲れが出て体調をくずしやすいので、健康状態について、保護者と連絡を取り合いましょう。
- 思いきり身体を動かせる場と、疲れたときにゆっくり過ごせる場を確保しておきましょう。
- 戸外に出て、風の心地よさや雲の動きに気づいたり、トンボやバッタを見たりしながら秋の自然にふれる機会をつくっていきましょう。

秋のプレイデイ

家族参加型の運動会です。子どもたちばかりでなく、お父さんやお母さん、おじいちゃん、おばあちゃん、お兄さん、妹も一緒に身体を動かして秋の1日を楽しみます。ルールを守って力の限りをつくし、友だちと力をあわせて最後までがんばります。

自然の中で遊ぶ心地よさを感じる　　秋　目や耳や肌で秋から冬への季節の移りかわりを感じ楽しむ

2週目　トンボを見つけよう

・8月の誕生会
・引渡し訓練（懇談会）

よーいドン！
遊びの中で友だちと走ったり音楽に合わせて身体を動かしたりして、楽しい気持ちを秋のプレイデイにつなげていきます。

わたしも踊りたい！
友だちを誘って、曲に合わせて身体を動かすことを楽しみます。

あっ！トンボだ！

- 近くの川や用水路など、水辺に行ってトンボを見つける。

  空や風の変化などの自然にふれて、五感を使って秋の気配を感じましょう。

秋に見られるトンボ

- ハグロトンボ
- オニヤンマ
- ナツアカネ
- アキアカネなど

ここからよーいドンするから見ててね！

- 戸外で身体を思いきり動かして遊ぶ。

  秋のプレイデイに向け、少しずつ意識が高まってくる時期です。遊びを通して身体を動かす楽しさ、競走のおもしろさを感じられるように工夫しましょう。

フウセンカズラの種を集めよう！　☞日案1

- 世話を続けてきたフウセンカズラの種とりをする。

  フウセンの色の変化に気づき、ふしぎを感じます。子どもたちの気づきを大切にします。

- 夏休み明けの子どもたちの体調に気を配り、園での生活リズムを取り戻しましょう。
- 各家庭での夏休み中の子どもの様子の記録などに目を通し、把握しておきましょう。
- 夏の体験をごっこ遊びにつなげていきましょう。

引渡し訓練

引渡し訓練は、大きな災害を想定し、子どもたちを安全に保護者へ引き渡すための訓練です。事前に目的を伝え、全員が参加できるように呼びかけます。
5月の花まつり（p24）、9月の引渡し訓練、12月の成道会（p95）、2月の涅槃会（P114）は、情報交換のよい機会となるので、園から伝えたいことや今後の生活についての懇談会として設定します。

9月　空

自然の中で遊ぶ心地よさを感じる　　秋　目や耳や肌で秋から冬への季節の移りかわりを感じ楽しむ

9月
- 戸外で思いきり身体を動かして遊ぶ
- 澄みきった空に秋の気配を感じる

3週目　虫の声を聞いてみよう

行事	・9月の誕生会	
子どもの生活	**どこに並ぶの？誰のうしろ？** 秋のプレイデイに向けての練習です。身長順に並び、自分の場所を覚えていきます。	**ペアと一緒に！** 大好きなペアと一緒によーいドン！どうやったら速く走れるか、ペアについて走ってみます。
子どもの活動と保育者の姿	**種をまこう！** ・大根の種をまく。 昨年どうやって種をまいたのか、年長児にアドバイスをもらってまきます。行事がたくさんある忙しい2学期なので、すぐに観察できる身近なところで場所を見つけ、種をまき、育てるとよいでしょう。 **石の下を見てみよう！**　☞日案2 **耳をすまして…** ・草むらに行き、耳をすまして虫の声を聞いてみる。 すぐに探そうとするのではなく、どこでどんな虫が生息しているのか想像してみることも大切です。虫の鳴き声が聞こえるところにそーっと近づいてみましょう。	
保育者の配慮	・簡単なルールのある遊びや秋のプレイデイの種目を楽しみながら、期待を高めていきます。	

自然の中で遊ぶ心地よさを感じる　　　秋　目や耳や肌で秋から冬への季節の移りかわりを感じ楽しむ

4 週目　木の実を見つけよう

・入園説明会
・秋のプレイデイリハーサル

よーく聞いて！

人の話を聞くことはとても大切です。聞いていないと困ることもたくさん出てきます。人の話にはしっかりと耳をかたむけます。

本番と一緒だよ！

「本番と一緒だよ!」── 友だちを誘って、曲に合わせて身体を動かすことを楽しみます。

涼しくなってきたね〜

少しずつ涼しくなり、秋の気配が感じられるようになってきます。虫の声を聞いたり、秋の草花を一緒に見つけたりして楽しみます。

芽が出たよ！　お水もしっかりね

・ダイコンを観察し、お世話をする。

ダイコンの芽がたくさん出てきました。これからどうすればいいかな？ お兄さんお姉さんに聞いて教えてもらいます。「自分たちで!」と張り切って水やりなどのお世話をする姿も見られます。

ドングリみ〜っけ！

・戸外に出てドングリや松ボックリ、ジュズダマを探し、拾って集める。
拾った自然物を使ってままごとをしたり、楽器をつくったりして楽しみましょう。

秋の七草

- ハギ
- オバナ（ススキ）
- クズ
- ナデシコ
- オミナエシ
- フジバカマ
- キキョウ

9月　空

・身近な自然にふれながら、虫を探したり木の実の落ちている所を下見したりしておきます。
・拾ったものを入れる容器をつくっておいて、園外に行くときに持参できるよう保管しておきましょう。子どもが自分で気づいてもっていけるよう、手の届くところに置いておくとよいでしょう。

67

9月 日案1

フウセンカズラの種を集めよう

ねらい
・花のあとの種の様子を見る
・楽しみながら袋の中の種をとり出す

	9:45	10:00
子どもの活動	フウセンカズラを見る ・春に植えたフウセンカズラの状態を見る。 ・今はどんな状態かについて発表しあう。 	色づいたフウセンをとる ・緑色と茶色のフウセンに気づく。どちらが多いか見てみる。なぜ色が違うのか考えてみる。 ・フウセンをそっととって手の平にのせてみる。風が吹いたら飛ばされそうになる。そのさわった感じをことばにしてみる。
保育者の配慮	・小さな白い花が終わって、いつのまにか緑色のフウセンがぶらさがっていたことを思い出させる。 ・事前に、風に揺られてフラフラ動いたりする様子も見せておく。	・フウセンを手の平に載せて手を高く上げたり下げたりして、フウセンで遊んでみせる。 ・気づいたことを言わせる──「軽い」「丸い」「筋がある」など。 ・さわりながら、フウセンをつぶさないような手の加減が必要なことを知る。やさしくさわれるよう、子ども同士で伝えあえるとよい。 ・緑と茶のフウセンの色の違いにふしぎを感じたところで、子どもたちに思うことを聞いてみる。
準備・エトセトラ		・ものに照らし合わせたことばが出てくるように導く──「軽い」「丸い」「ふくらんでいる」など。 

自然の中で遊ぶ心地よさを感じる　　　秋　目や耳や肌で秋から冬への季節の移りかわりを感じ楽しむ

10:15	11:00
種を見る	種をどうするか話しあう
・フウセンの中を見たくなる。 ・皮を破いてみる（両手でたたいてつぶしたり、一枚ずつ筋に沿ってむいたり、いろいろなむき方がある）。 ・♡の形の種を見つけて喜ぶ。 ・緑と茶のフウセンの色の違いと中の種の色の違いを知る。 ・茶色のフウセンの種をたくさん集める。	・集めた種を箱に入れてみんなで見る。 ・たくさん集めた種をどうしたらよいか考える。 ・「もって帰りたい」と言う子がいる。 ・「プレゼントしたい」という子もいる。誰にプレゼントするかみんなで発表する。 ・春になったらこの種をまこうと話しあう。
・フウセンの色や軽さから、中を想像させてみる。「中はどうなっているのかな？」「何が入っている？」「（種は）いくつくらい入っている？」「何色かな？」と次々に質問していくとイメージがわきやすくなる。 ・フウセンのむき方はいろいろでよいが、大事に扱い、中の種を傷つけないように促す。 ・とった種を落とさないように入れものに入れることを伝える。	・1つのフウセンにいくつ入っていたかを尋ねてみる。何気なく集める子や、数をかぞえている子、大きさを比べたり、一つひとつの種を注意深く見ていた子を紹介する。 ・一つひとつ大切な種を自分でもち帰るほか、誰にあげたいか問いかけてみる。 ・敬老の日にちなんで祖父母にプレゼントすることを約束し、そのための袋づくりを楽しみにさせる。
・一人ひとりが種を入れる牛乳パックを用意する。	・あまり時間をあけず、種をプレゼントするための袋づくりができるよう、教材の準備をしておく。

ふり返り
・花から種になる様子を観察できたか。
・種を取り出す作業を楽しむことができたか。

9月
空

自然の中で遊ぶ心地よさを感じる　　秋　目や耳や肌で秋から冬への季節の移りかわりを感じ楽しむ

9月 日案2　石の下を見てみよう

ねらい
- 石の下にいる虫をいっぱい見つける
- いろいろな虫の動きの特徴に気づく

	9:45	10:00
子どもの活動	春につかまえたダンゴムシのその後を考える 「どんなふうになっているかな？」「まだあの場所にいるのかな？」「ダンゴムシは大きくなったかな？」	ダンゴムシを探す ・園庭に出てみる。 ・春にダンゴムシをつかまえた石の下を見てみる。 ・石の下で動く虫を見つける。
保育者の配慮	・身近な虫に興味がもてるよう、また季節によって虫の変化に気づけるよう質問を投げかける。	・春にダンゴムシを見つけた場所に行ってみる。子どもたちが「ここだった！」と思い出せるよう問いかけながら、意欲的に活動できるようことばをかけていく。 ・石をとり除くと、いろいろな種類の虫がいることに気づかせる。 ・春に見つけた卵を抱えたダンゴムシを、秋に見つけることができないのはなぜか、問いかけてみる。
準備・エトセトラ		・春にいなかったコオロギや茶色のバッタなどの動きに注目する。 📖 えほん ・『うんちレストラン』 　　　伊地知英信 作　新開孝 写真　ポプラ社 ・『じめんのしたのなかまたち』 　　　エベリーン・ハスラー 作　ケティ・ベント 絵　冨山房

自然の中で遊ぶ心地よさを感じる　　秋　目や耳や肌で秋から冬への季節の移りかわりを感じ楽しむ

10:20

石の下にいる虫を見つける
- 好きな友だち同士で、好きな場所へ向かい、虫探しをする。
- 石の下にいた虫があわてて逃げまどう様子を見てみる。
- 知っている虫や初めて見る虫がたくさんいるので、友だちと声をかけ合いながら、いろいろな虫に気づく。

- 石の下ばかりでなく木の根元、植木鉢の下にもいることを伝える。「見つけたら教えてね」とあらかじめ伝えておく。
- 虫の生活の様子を尋ねてみる。
- 興味をもって三々五々、丸く集まったり、話しあったりする姿を見守る。

ふり返り
- いろいろな虫が土の中で生きていることがわかったか。
- こわがらずに虫の動きを見ることができたか。

11:00

見つけた虫を発表する
- 探した場所や見つけた虫などを発表しあう。
- 活動の終わりに、石や植木鉢が元の位置に戻っているか確認する。

- 子どもたちの発表に、ところどころ質問したり、「なぜかな?」と投げかけたりする。
- まとめとして、発見したこと、春との違いを整理して伝える。

- めくった石や掘った木の根元は危ないので、元の状態に戻すことを約束する。

9月 空

71

10月 葉

年間のねらい
自然の中で遊ぶ心地よさを感じる

秋のねらい
目や耳や肌で秋から冬への季節の移りかわりを感じ楽しむ

月間のねらい
- 目に見える身近な変化から秋に気づく
- 実りの秋を感じる

子どもの姿
- 仲間意識が芽生え、友だちとのかかわりが活発になってくる
- 遊びや生活に積極性が出てくる
- 年中・年長児がやっている遊びや活動の様子を興味をもって見たり、まねたりする

健康と安全

・薄着の習慣をつけましょう
・秋のプレイデイに向けて、心身共に精一杯活動しているので、一人ひとりの様子をよく観察して、身体面の変化に気づかいましょう

赤いはっぱはきれいだね
黄色いはっぱは
ひろってあつめてお花にしよう
茶色のはっぱは　小鳥のように
ヒラヒラ　サーッととんでいく
緑のはっぱは　いつもとかわらず
じっとみんなを見つめてる
どうして赤や黄色になるの？と
みんなをじっとみつめてる

ふり返り（評価）

・自分の身近なものから秋への移りかわりを感じられたか
・収穫の喜びを実感できたか
・収穫したサツマイモを食べる喜びが感じられたか

自然の中で遊ぶ心地よさを感じる　　　秋　目や耳や肌で秋から冬への季節の移りかわりを感じ楽しむ

10月

- 目に見える身近な変化から秋に気づく
- 実りの秋を感じる

1週目　赤や黄色に色づいた葉っぱを見てみよう

行事	・入園願書受け付け ・新入園児面接

子どもの生活	今日から青い制服だね！ 「自分でボタンをかけられるようになったんだよ！」	ペアさん、よろしくね。 大好きなペアとヨーイドン！ペアのリードで、一生懸命走ります。

子どもの活動と保育者の姿

アッ、お花みたい！

・モミジやイチョウの葉を集める

集めた葉っぱで花をつくったり、数をかぞえたり、画用紙に貼って何かに見立てて絵にしたりしてみましょう。

アッ、茶色いバッタ！

・今まで見たことのないバッタに気づき、後を追いかけてみる。

まわりの土や草の中で、何やら動く気配が…よく見てみると同じ色をした虫を発見。形は同じだけれど色の違う虫を興味をもって見てみましょう。

ローラーでコロコロ

・拾ってきた葉をローラーでころがし模様をつくる。

好きな形の葉を置いて色のついたローラーでころがします。葉がローラーに巻きついて連続した模様になります。同じように2、3色の同系色でころがすと、きれいに仕上がります。のりを丁寧につけて貼りあわせ11月の七五三の袋にします。

> **どうして葉っぱの色が変わるの**
>
> 木々が冬に備えて葉を落とす準備を始めるために起こる現象です。秋になると枝から葉に送られる水分が少なくなるので、緑色の色素がこわれて、ほかの色素が目立つようになるのです。

保育者の配慮

- 季節が変わると同時にまわりの景色も違ってきます。何がどのように変化してきたか、また秋の花や虫にも気づいてその特徴をとらえてみましょう。
- ごっこ遊びが盛んになってくるので、教材を準備して、子どもたちの気持ちを高め、遊びが発展できるようにしておきましょう。
- ルールのある遊びや約束が理解できるようになるので、子どもたちが力を出せる場を工夫しましょう。

自然の中で遊ぶ心地よさを感じる　　　秋　目や耳や肌で秋から冬への季節の移りかわりを感じ楽しむ

10月 葉

2週目　実がなる木を見てみよう

- 10月の誕生会
- 秋のプレイデイ（p64参照）
- 林遊び、林の給食再開

〇〇ちゃん、がんばれ〜！
かけっこのとき、止まった子がいると自然にこのことばが出てきます。友だちのことばには力がわいてきます。

わたしのダンス、見にきてね！
大好きな歌に合わせて楽しく身体を動かしながら踊ります。

ハートマークの葉っぱだ！
- 9月に種をまいた大根の葉っぱを観察する。
- 種から双葉が出た様子を見る。

サツマイモはどうなったかな？
- 伸びたツルを切ってイモ掘りに備える。

この木は何？
- 大きな実がなっている木に気づく。

落ちた実を手にとったら「なんていいにおい！おうちにもって帰りたいな〜」「ママにおみやげにしたいな〜」などといったことばが発せられます。今まで気づかずにいたのに、あるとき大きな実に気づいて喜び、宝物のように大切に抱えている、そんな感動の様子も大切にしたい光景です。
ほかにはどんな実のなる木があるかな。——カキやイチジクなどにも気づかせましょう。

かけっこしよう！
- 「イチニツイテ、ヨーイ、ドン！」一つひとつの合図のポーズを覚えていきます。

- 秋のプレイデイにはベストコンディションでのぞめるように、体調を整えておきましょう。
- 秋のプレイデイ当日は、大好きなお父さん、お母さんと一緒に登園します。受け入れがスムーズにできるようにしましょう。保護者にも事前に協力をお願いできるよう、手紙などで伝えておきましょう。
- 秋のプレイデイが終わり、一生懸命頑張ったことをほめてあげます。そして喜びや自信につなげていきましょう。

自然の中で遊ぶ心地よさを感じる　　秋　目や耳や肌で秋から冬への季節の移りかわりを感じ楽しむ

10月

・目に見える身近な変化から秋に気づく
・実りの秋を感じる

3週目　戸外で秋の自然にふれよう

行事	・秋の遠足 ・保菌検査 ・林の整備

子どもの生活	**ペアさん！ わたしと仲よくしよう！** プレイデイが終わり、一息ついたところで2歳児と3歳児がペアを組んで生活します。今までお世話してもらっていた3歳児も、今度はお世話する側になります。	**目標は** いよいよ3歳児も評価表を始めます。最初はみんな同じ「元気よくあいさつする」を目標にして、朝のあいさつをすることから始めます。

子どもの活動と保育者の姿

大きいのを残そう！

・大根の間引きをする。

　大根は間引きをしないと窮屈で大きくなりません。大きくて元気な大根を残して間引きをします。年長児と一緒に間引きについて話し合う機会を持ち、次の年にもつなげていきましょう。

♪歩け、♪歩け　　☞日案1

・秋の自然にふれながら楽しく遠足に行く。

　リュックを背負って、山歩きに出発です。自分の力で最後まで歩けるかな？　山には何があるかな？3歳児はペアにリードしてもらい、ちょっと苦しいけれど、がんばって歩きます。

保育者の配慮

評価表

子どもがよりよい生活をつくっていくために日々気づいて努力する目当てです。

ねらい
①自主性、主体性、率先性を引き出す。
②自己の評価と他者の評価をすり合わせ、相互理解を深めて社会性を養う。

方　法
　目標を決めて、自分でその日をふり返り、評価表にシールを貼る。

流　れ
①目標を決める。4週間後、クラスの友だちと達成できたかどうか評価し合う。その後、次の目標を決める。
②目標を達成できた子は、次の目標を設定する。達成できなかった子はできるまで同じ目標か、少し簡単な目標を設定する。
③シール
　青…よくできた　　黄…まあまあできた
　赤…できなかった
　家庭でも励ましたりほめたりしながら一緒に取り組んでもらう。

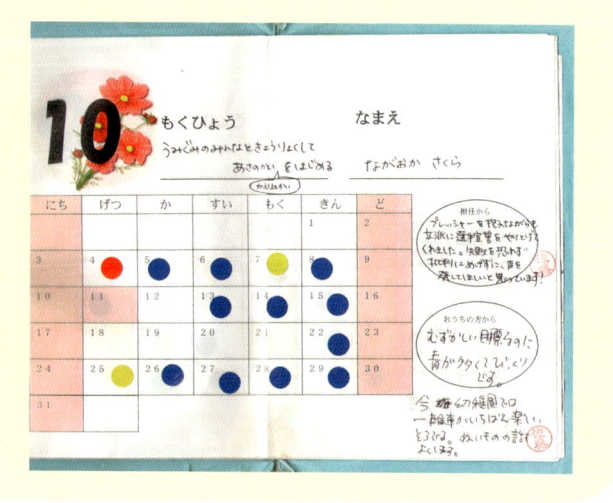

自然の中で遊ぶ心地よさを感じる　　秋　目や耳や肌で秋から冬への季節の移りかわりを感じ楽しむ

10月 葉

4 週目　落ち葉や木の実、草の実を集めよう

・避難訓練

自分でできるよ！
林では自分でシートを広げたり、たたんで片づけたり、いつどうやって行うか、指示がなくても自分の力でできるようになりました。

向こうの大きな木のところに行ってみよう！
1学期はペアに手をひかれていた3歳児も、自分でいろいろなものに興味をもち、楽しむようになってきました。

きれいだね！　おみやげ　　☞日案2
- 落ち葉を拾って遊ぶ。
- 散歩に出て春との違いを感じる。

寒い！
- 林を思いきり走り回って身体をあたためる。

「あの木にタッチしてこよう」と目標を決めて走ったり、走ることに楽しみが見出せるような工夫をしましょう。

葉っぱの雨だ！
- 風に乗ってヒラヒラ落ちてくる葉っぱを追いかける。
- 両手ではさんだり地面に落ちないうちにキャッチしたりする。

葉っぱが踊るように落ちてくる様子や雨のように次から次に音をたてて降ってくる様子を楽しみます。また、葉っぱを追いかけたり空中でつかもうとしたりして遊んでみましょう。

- 保護者に対して2、3歳児のペアや友だちとのかかわりをクラスお便りで知らせます。特にペアとの関係で困っている子に対して細かな配慮をすることが必要です。
- 友だちとのかかわりが増えると、気持ちのぶつかりあいも多くなります。自分の気持ちが言えたり、友だちの話に耳を傾け、相手の気持ちにも気づいたりできるよう促していきましょう。

自然の中で遊ぶ心地よさを感じる　　秋　日や耳や肌で秋から冬への季節の移りかわりを感じ楽しむ

10月 日案1 遠足に行こう（ペアで日和田山に登る）

ねらい
- 自分の足で最後まで歩く
- 秋の自然にふれる

	8:00	8:15
子どもの活動	園に集合 ・点呼をとり排泄をすませる。 ・園長先生から遠足の主旨を聞く。 ・今日の予定を聞く(全体)。 ・「ファイト」をかけ、気合いを入れる。	バスで出発する ・車内で今日の予定を聞く（3歳児）。 ・楽しみなことを伝え合う。 ・歌をうたう。 8:40 登山口着 ・準備体操をする。 ・約束をする——ペアと一緒に歩く、ふざけない、秋の自然を見つける、自分で考えて安全に歩く、など。
保育者の配慮	・初めての山登り。自分で荷物をもって歩き通すことができるか、事前にクラスの子どもも一人ひとりについてシミュレーションしておく。 ・事前に実地踏査をして、トイレ休憩や昼食場所、コースを確認し、また、遠足時期の混雑を予想して、申し込みが必要なものは早めに手配する。	・バスで園外に出かけること、山に登ることなどが楽しみな半面、未知のことも多いので、バスの中では丁寧に今日の予定を伝える。子どもたちには、どんなことを楽しみにしているのか聞き、保育者サイドからは期待が持てるようなポイントを伝える。 ・普段うたっている歌や好きな歌をうたいながら気持ちを盛り上げていく。 ・「さあ、出発するよ！」と元気に登れるよう全員でファイトをかけ、気持ちを高揚させる。
準備・エトセトラ	事前に保護者に手紙で知らせる内容 ①集合時間の厳守。 ②リュックに入れてくるものについて（おにぎり、柑橘系果実、水筒、おやつ少々、雨具、ぬれタオル、レジャーシート）。 ③履き慣れた靴で来ること。 ④前日は早めに寝ること、朝食をしっかりとってくること。 ・山歩きのときは水筒はブラブラ下げず、リュックにしまうとよい。	・普段の生活で心が通いあっているペアと縦列になって登る。大きい子には慣れた道なので（1カ月に1回は山歩きを実践をしているため）、リードしつつ見守ってもらう。 ・3歳児は岩場や細い道など、恐怖を感じる場所もあるので保育者が補助をする。

自然の中で遊ぶ心地よさを感じる　　秋　目や耳や肌で秋から冬への季節の移りかわりを感じ楽しむ

10月 葉

8：50

出発
- 一列になって歩く。
- ドングリやきのこに気づく。
- 鳥のさえずりを聞きながら歩く。
- 一歩一歩確実に歩を進める。
- つらいこと、苦しいことなどを自分から言う。

11：30

昼食
- 全員の顔が見えるよう円になって座る。

13：30

下山
- 下り道は年齢ごとにコースを変えて歩く。

- 登りながら一人ひとりの様子に目を配る。
- 「何か見つけたら教えてね」と声をかけておくと、次々に声があがる。足元ばかりでなく高い位置のものや耳で聞こえるもの、いろいろな気づきがもてるよう声をかける。
- 下山のときは年齢ごとに分かれるので隊（グループ）はそれぞれ2人以上の保育者が引率する。
- さまざまな生きものに出合い、立ち止まりはするが、なるべく間をあけないように注意する。

- 帰りは山あいからわく清水でカニを見つけるなどして、休憩の楽しみとする。

15：00

バスに乗る
- ゆっくりと過ごす。
- 楽しかったことを伝え合う。

15：30

園に到着
- 今日の楽しかったこと、発見したこと、感想などを発表する。
- 園長先生の話を聞く。
- あいさつをして解散。

- 帰りのバスの中では、往きのバスの中で聞いた楽しみなことが実現したかどうか聞いてみる。
- 保護者の迎えの前で、今日の感想を聞いてみる。
- 子どもたちの頑張った様子を保護者に報告する。

- 帰宅したらゆっくり休ませ、早めに寝かせる。
- 子どもたちが頑張ったことを家庭でもほめてほしいと伝える。

ふり返り
- 山で出合ったさまざまなものから秋の自然に気づくことができたか。
- 友だちと楽しく山登りができたか。

自然の中で遊ぶ心地よさを感じる　　秋　目や耳や肌で秋から冬への季節の移りかわりを感じ楽しむ

10月 日案 2

散歩に出て春との違いを感じよう

ねらい
- 春に行った公園や野原に出かけ目や耳や肌で感じる
- 落ち葉で遊ぶ

	9:30	9:45
子どもの活動	散歩に行く話を聞く ・排泄をすませてペアでホールに集まる。 ・春に行った目的地の様子はどんなだったか思い返してみる。 ・帽子をかぶり、外へ出て並ぶ。	散歩に出かけ、野原で遊ぶ ・道々の景色をよく見て、木の実の色づきや咲いている花の種類などから季節の変化に気づく。 ・好きなところへ行ってみる。 ・走ったりころがったりして、思い切り身体を動かして遊ぶ。
保育者の配慮		・街路樹、民家のカキやミカンの木、サザンカの花などの様子に気づかせたい。 ・走ったり寝ころがったりしているうちに、音に耳を傾けてみる。足音や風の音、葉っぱがころがっていく音などをことばで表現させてみたい。──「カラカラ、カサコソ、ヒュー、シャカシャカ、カチャ…」
準備・エトセトラ	・あらかじめコースを調べておく。 ・どこでどんなことに気づかせたいかピックアップしておく。	・♪「たきび」や♪「まっかな秋」をうたいながら歩く。

80

自然の中で遊ぶ心地よさを感じる　　秋　目や耳や肌で秋から冬への季節の移りかわりを感じ楽しむ

10月　葉

10:00

みんなで一緒に遊ぶ

- 落ち葉を1カ所に集めて山にして、落ち葉のふとんをつくる。
- その中に飛び込んだり寝てみたりして感触を味わう。
- 落ち葉のかけっこをする。
- グループで落ち葉山つくり競争をする。
- 色の違う葉を集めてみる。

- みんなで集まって落ち葉で遊ぶ。落ち葉のプールなど秋の今しかできない遊びを用意しておく。遊びながら葉の特性に気づかせる。ダイナミックな遊びを存分に楽しませる。
- 落ち葉のかけっこは危険なものが混じっていないか、目に入らないようによく注意する。

どうして葉っぱが落ちるの

もともと、あたたかな気候に生育する広葉樹が葉を落とします。葉は植物が大きくなるための栄養素をつくる役目があります。秋になって気温が下がり、昼の時間も短くなると葉緑体がこわれ、葉の寿命がきて落ちてしまうのです。

11:00

春との違いを発表する

- 葉っぱが黄色くなっている、葉っぱがない木がある、タンポポの花がない、風が冷たい、など。

気に入った葉を1枚ずつもち帰る

- 気づいたことを伝え合う。
- 人の話がしっかり聞けるよう促す。
- どうして葉が落ちるのかという質問もしてみる。3歳児なりに考えて発言することができるので、投げかけてみる。
- 子どもたちの素直なことばや表現をとりあげる。

- もち帰った葉をこすり出しにしたり、スパッタリングや転写に使ったりして、次の活動につなげていきたい。

ふり返り

- 遊びを通して季節を感じられたか。
- 落ち葉にふれて音や重さを感じとることができたか。

11月 実

年間のねらい
自然の中で遊ぶ心地よさを感じる

秋のねらい
目や耳や肌で秋から冬への季節の移りかわりを感じ楽しむ

月間のねらい
- 秋の自然物を集める
- 秋の虫を探してみる
- 風の冷たさを感じる

子どもの姿
- 秋のプレイデイや遠足などの大きな行事を終え、自信をつけた子どもたちはさらに意欲的になってくる
- 好きな友だち同士で行動し、ほかの子を仲間に入れたがらない場合もある
- 友だち同士では少人数で遊ぶが、保育者が加わると、ルールのある遊びを理解して大勢の友だちと遊ぶことができる
- 簡単な手伝いであれば、やりたい気持ちが出て喜んで取り組める

健康と安全

- 気温の差が激しいので、衣服の調節ができるように上着などをもってきてもらいましょう
- 寒さに向かうこの時期を健康に過ごすために園での体調の変化や家庭での様子などを連絡し合いましょう

ドングリ　いっぱい落ちてるね
ドングリ　集めてケーキをつくろう
赤い木の実は首かざり
黄色いはっぱは枝にさし
走ればはっぱの風車
どんぐり頭に髪の毛つけて
毛糸で手足をつくったら
ドングリ人形のできあがり

ふり返り（評価）

- 秋の自然にふれながら、空気の冷たさ、気温の違いが感じられたか
- 木や草、土の中に住む虫を見つけることができたか
- 木の実や、花、枝などを興味をもって集めることができたか

自然の中で遊ぶ心地よさを感じる　　秋　目や耳や肌で秋から冬への季節の移りかわりを感じ楽しむ

11月

- 秋の自然物を集める
- 秋の虫を探してくる
- 風の冷たさを感じる

1週目　サツマイモの収穫を楽しもう

行事	サツマイモ堀り

子どもの生活	**先生、評価表やろう！** 年少組にも生活の中に評価表が定着してきました。子どもたちと考えて新しい目標を決めます。	**おじいちゃん来てくれるかな** おじいちゃん、おばあちゃんに出す生活作品展のお誘いのハガキに、和紙をちぎって貼ります。

子どもの活動と保育者の姿

アッ、ドングリ！
- 秋の歌をうたったり、林の木の実や葉、枝を拾ったりして秋の自然に親しむ。
- 拾った木の実や葉、枝を使ってままごと遊びを展開していく。

子どもたちが大好きな林遊びが再開します。身体を思いきり動かしながら、季節の変化を感じましょう。秋の林はドングリやきれいな葉っぱなど子どもたちにとって宝物がいっぱいです。林での給食も楽しみましょう。

よいしょ！　よいしょ！　☞日案1
- サツマイモ掘りをする。

畑のサツマイモは大きくなったかな？今年はいっぱいとれるかな？　楽しみながらたくさん掘って、おいしく食べましょう。

保育者の配慮

- 走ったり跳んだり、存分に身体を動かして遊び、その気持ちよさを味わいます。体力や興味、持続時間を考慮に入れて、楽しめるゲームや鬼ごっこを提供しましょう。まずは保育者も一緒に追いかけっこを楽しみましょう。遊びの輪が広がります。
- 寒暖の差が大きいので、衣服の調節をしながら戸外に出て、秋の自然にふれる機会を多くもつようにしましょう。
- 存分に身体を動かすことによって食欲が増進します。秋の味覚を味わわせましょう。

2 週目　葉っぱや木の実で遊ぼう

・11月の誕生会

わたしもできるよ
今まで優しくしてくれたお兄さんお姉さんの姿を見て、3歳児も張り切って2歳児のお世話に努めます。

色鬼するもの、この指とまれ！
いろいろな色を覚えたら、鬼ごっこをして遊びます。「鬼が赤って言ったら、赤い色を探してつかまえるんだよ！」

木の実で遊ぼう！　日案2
- 林で拾った木の実、ドングリ、葉っぱを使って遊ぶ。

「どんな遊びができるかな？」と転がしてみたり音を出してみたり、のりで貼ってみたりします。イメージを膨らませながら遊び、制作を楽しみましょう。

いっぱいだね〜
- 園庭のキウイを収穫して味見をする。
- どうしたらもっと甘くなるか話し合い、おうちの人にも聞いてみる。

「聞いてきたよ！」「お母さんがね、キウイとリンゴを一緒に袋に入れると甘くなるって言ってたよ！」「実験でやってみよう！」などと、子どもたちから声があがります。キウイとリンゴを一緒に置き、様子を見て何日かおいて食べてみましょう。

- 風もないのに、あるとき突然枯葉がハラハラと舞い落ちることがあります。また、風の強さによって、葉の落ちてくる様子も違います。その量や音、葉の落ち方に注目します。観察して、それぞれの関係が理解できたら素晴らしい発見ですね。
- いろいろな素材や用具を使って自由に遊べるように準備しておきます。
- 1人でできた喜びを認め励ましながら、次への意欲につなげていきます。
- 年長の子どもたちの活動や遊びに加わる機会を持ち、刺激を受けて遊びが広がるようにしていきます。

自然の中で遊ぶ心地よさを感じる　　秋　目や耳や肌で秋から冬への季節の移りかわりを感じ楽しむ

11月

- 秋の自然物を集める
- 秋の虫を探してみる
- 風の冷たさを感じる

3週目　葉っぱのお山をつくろう

行事	・避難訓練

子どもの生活

「やめて」「ごめんね」「入れて」

遊んでいるとき、ちょっとケンカをしてしまうこともあります。自分の気持ちをことばにし、お友だちの話もしっかり聞きます。

もう嫌だ！

2歳のペアが言うことを聞いてくれないから「もう嫌だ！」「涙がでてきちゃった」——その気持ちを伝えてみます。

子どもの活動と保育者の姿

リースをつくろう！

- ダンボールにボンドをぬって、拾ってきた実や枝を貼る。

水栽培をする

- 球根を見る。
- 土を使わないで水で育つ植物があるという話を聞く。

実際に球根にふれてみて、かたさ、重さを感じます。また、どちらが上か下かを確認して水栽培の準備をします。

落ち葉を集めよう！

- ほうきやちりとりを使って葉っぱを集める。
- 集めた葉っぱで山をつくってみる。

どの木から落ちた葉っぱか当てっこしながら、拾い集めて山にしてみましょう。その山に飛び込んだり、葉っぱを空に向かってまいたり、感触を楽しみましょう。

保育者の配慮

・ペアとの関係に困っていたり、一緒に活動しようとすると嫌で泣いてしまったり、投げだしたくなる時期が必ずきます。しかしここが試練のとき。3歳児の気持ちを受け止めて、その気持ちをしっかり2歳児のペアに伝えられるように促します。そして、2歳児のペアに対しても、保育者がしっかり話をすると、3歳児はその姿を見て安心します。

保護者もここが試練のときです。「乗り越えて強くなってほしい」という思いの保護者がいれば「まだうちの子は3歳児なのに」と思う保護者もいます。それぞれの保護者の思いをしっかり受けとめて、この活動の意味をきちんと伝えることが大切です。

自然の中で遊ぶ心地よさを感じる　　秋　目や耳や肌で秋から冬への季節の移りかわりを感じ楽しむ

4 週目　木登りに挑戦してみよう

・内科検診

11月 実

「どう？」「できるよ！」

やっぱり気になるペア。時々声をかけて様子を見て。──「わたしにできることはないかな？」

泣かないで

泣いている子がいると、そばに寄り頭をなでてあげたり、「泣かないで」と手をつないだりします。

チャレンジ！

・憧れのお兄さんたちがやっているロープを使った木登りに挑戦してみる。

「ちょっとこわいけど、やってみたいな！」とターザンロープにぶらさがってみたり、ロープのはしごを使って木に登ったりして、スリリングな遊びに魅力を感じて挑戦する気持ちも旺盛になってきました。「見ててあげるよ」と言って、安心感をもたせましょう。

粘土みたい！

・林の土でお菓子づくりをする。
・葉っぱで巻いたり木の実でかざったりして、おだんごやさんごっこやケーキやさんごっこをする。

ただ丸めるだけでなく、まわりの葉や実を使ってかざりつけをして、お店やさんごっこに発展させましょう。

チョウチョみつけた！

・春に見た白や黄色のチョウのほかに模様のあるチョウも見つける。
・どんな様子で飛んでいるか、そーっと見てみる。

飛んでいる様子を見て、伝えあいましょう。冬を越すチョウともうすぐ死んでしまうチョウがいることを知らせます。

・気温がぐっと下がったり、日中はあたたかかったりと温度差があります。風邪やインフルエンザも流行し始める時期です。衣服の調節や、外から戻ったときの手洗い、うがいを習慣づけていきましょう。
・秋が深まり天候も安定するこの時期は、身体的にも精神的にも充実した活動ができます。活発に身体を動かす遊びと、じっくり集中できる手仕事などの遊びを両方じょうずに取り入れて、継続的に取り組めるようにかかわりをもちます。
・だんだん寒くなるので、今のうちに戸外で存分に身体を動かして遊びます。

自然の中で遊ぶ心地よさを感じる　　秋　目や耳や肌で秋から冬への季節の移りかわりを感じ楽しむ

11月 日案1

自分の力でサツマイモを掘ってみよう

ねらい
- 素手で土にふれ、サツマイモを掘る
- サツマイモを掘り出した瞬間の喜びを味わう

	9:30	9:45
子どもの活動	イモ掘りに行く準備をする ・着替えと汚れものを入れるビニール袋をテラスに出しておく。 	畑へ出発 ・ペアで歩く。 ・道々、畑の様子やサツマイモについて話しながら歩く。 ・自分の札のところに立ち、サツマイモ掘りを始める。 
保育者の配慮	・前日に、昨年経験した年中・年長児からサツマイモの掘り方を伝えてもらっておく。 ・サツマイモはつるでつながっているため、事前に年長児がつる切りをしておいてくれたことを伝える。 	・どんなサツマイモになっているか、子どもたちに聞きながら歩き、期待をもたせる。 ・5月の苗植えに続いて草とりをしたり様子を見にきたりした長い時間の経過があったことを思い起こし、大切に育ててきたサツマイモをいよいよ掘りおこす気持ちを高めていく。 
準備・エトセトラ	・サツマイモ掘りについての手紙を出し、リュックサックや長靴、ビニール袋などの準備をお願いしておく。	

自然の中で遊ぶ心地よさを感じる　　秋　目や耳や肌で秋から冬への季節の移りかわりを感じ楽しむ

11月 実

10：00

サツマイモを掘りおこす

- 土をかきわけながらサツマイモを見つける。
- ひっぱってしまうとサツマイモが途中で切れてしまうことを知り、最後まで丁寧に掘り出す。
- ペアに手伝ってもらう。
- 自分で掘ったサツマイモは自分でビニール袋につめてもち帰る。
- 自分で掘ったサツマイモは、少々重たくても園までもち帰る。

- 葉もつるも切れている状態を知らせ、この株の下にサツマイモがあることを伝える。
- 道具を使わず自分の手で土にふれ、土のやわらかさやサツマイモのかたさ、長さ、深さなどを味わわせる。
- 掘りあてたときの一言や感激のことば、喜びや悔しさの表情など、子どものことばと表情を一緒にキャッチする。
- 一緒に喜んだり、「次、頑張って掘ってみよう」と励ましたりして、子どもと苦楽を共にする。
- 大きい、小さい、太い、細い、長い、短い、デコボコなど、色や形についても適切なことばを使って表現させる。

- 水道がないので、ぬれタオルで汚れた手をふきとり、帰路につく。
- 園で調理するために、各自掘ったサツマイモを1本ずつ分けてもらう。

ふり返り
- 土をかき分け最後まで自分で掘ることができたか。
- 掘った喜びを感じることができたか。

11：00

畑を出発

- 自分でもって帰ると決めたら弱音を吐かずにしっかり歩く。

11：15

園に到着

- 園に着いたら手足の汚れを落とし、あらかじめテラスに用意しておいたきれいな衣服に着替える。

- 歩きながら、サツマイモを掘った苦労や感激をあらたにする。
- 最後まで自分で決めた量をもち帰ることができたことをほめる。
- 家にもち帰り、家族とどうやって食するか考えさせる。

- 園に着いたら、まず水で手の汚れを落とす。バケツやタライに水をはり、手や足が洗いやすいように用意しておく。ただし、灰汁（あく）は洗っても落ちない。
- 当日の活動の様子を保護者に写真で伝えられるとよい。
- 子どもたちが育てたサツマイモを調理し、家族一緒に味わってほしいと、家庭にお願いする。

89

11月 日案2　木の実で遊ぼう

ねらい
- 秋の産物、木の実を集める
- 木の実を使って形づくりを楽しむ

	9:45	10:10
子どもの活動	木の実を用意する ・今まであちこちで拾ってきた木の実を集めてみる。 ・どんな木の実があるか比べてみる。	人形をつくる ・ドングリ1つでできる人形をつくる。 ・いくつものドングリを使ったり、ほかの素材と組み合わせたりして形をつくる。
保育者の配慮	・箱を渡して自分たちで分類を決めて分けてみる。 ・ドングリにはいろいろな形の殻斗（かくと）があるので、木の実と同じように分けてみる。同じ形の殻斗でも、模様の違いがあることを知らせる。	・1つは人形づくり、と目的を決めて重ねたり並べたりしてつくらせる。 ・分けた木の実を使って顔や動物、虫などをつくって並べ、子どもたちに紹介する。
準備・エトセトラ	・区切りのあるお菓子の空き箱や缶などを集めておく。 ・虫の発生を防ぐため、ドングリは1度ゆでておくとよい。	・いろいろな形づくりが楽しめるよう、材料をそろえておく。 ・キリで穴をあけたり糸で通したりしたい場合は、場所を決めて保育者がやるようにする。

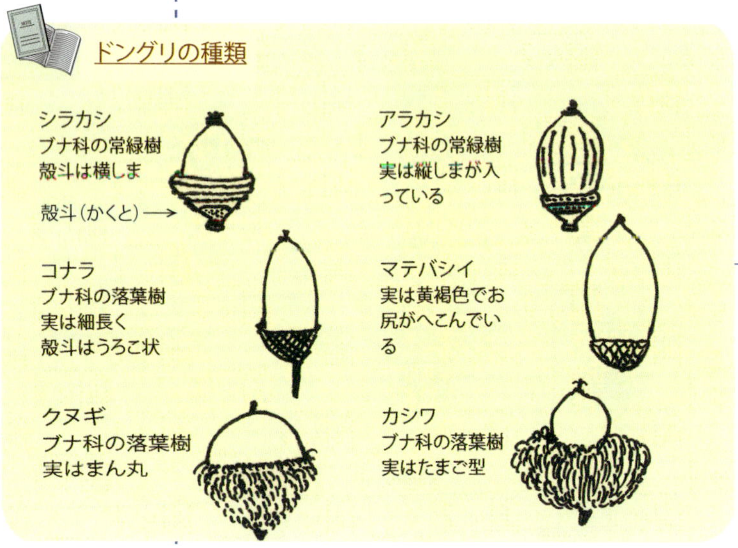

ドングリの種類

- シラカシ　ブナ科の常緑樹　殻斗は横しま　殻斗（かくと）→
- アラカシ　ブナ科の常緑樹　実は縦しまが入っている
- コナラ　ブナ科の落葉樹　実は細長く　殻斗はうろこ状
- マテバシイ　実は黄褐色でお尻がへこんでいる
- クヌギ　ブナ科の落葉樹　実はまん丸
- カシワ　ブナ科の落葉樹　実はたまご型

自然の中で遊ぶ心地よさを感じる　　秋　目や耳や肌で秋から冬への季節の移りかわりを感じ楽しむ

11月 実

１０：３０

いろいろなものをつくって楽しむ
- 人形にこだわらず、やじろべえやコマ、笛などをつくってみる。

- ある程度人形づくりが進んだら、友だちの作品をまねてみたり、ほかの作品をつくったりして工作を楽しませる。
- 殻斗やドングリを長くつなげると、アクセサリーもつくれることを紹介する。
- 工夫して楽しい作品づくりをしている子に声をかけ、ほかの子どもたちに紹介して意欲を触発する。

- 色はポスターカラーやマジックでつけることができる。
- 穴は画びょうでさしてからクギなどを使うとさしやすい。

１１：００

できたものをテーブルに並べる
- 何をつくったか、どこが気に入っているか、苦労した点はどこかなどを発表し、質問を受ける。
- しばらく部屋に飾り、数日後にもち帰る。
- 使ったものを片づけ、ドングリ遊びがいつでもできるように分類しておく。

- 一人ひとり自分の作品について発表したり、質問を受けたりする。自分の作品に誇りをもち、発表させ自信を持たせる。
- 作品づくりをすることで、さらにドングリに興味を持たせ、いろいろな種類のドングリを見つけたり集めたりして楽しませる。
- 集めたドングリ以外に、家の近所に珍しい実がないか投げかけてみる。

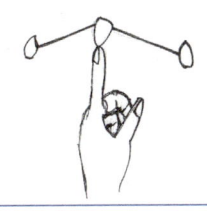

- クラスのロッカーの上など、見えるところに作品をかざる。

ふり返り
- 木の実の大きさや特徴を生かした作品づくりが楽しめたか。
- イメージしたことが形として表現できたか。

12月 冬ごもり

年間のねらい
自然の中で遊ぶ心地よさを感じる

冬のねらい
冬の自然を知り寒さに負けず元気に遊ぶ

月間のねらい
- 冬の訪れを肌で感じる
- 土の中や木の皮に隠れる生きものの冬ごもりを知る

子どもの姿
- 日々の生活は生活作品展という目的に向かっており、子どもたちはいっそう意欲を見せる
- 「こうしたい！こうしたらどうだろう？」と想像し、友だち同士刺激し合い、さらに工夫を重ねる
- 2学期の行事を通して、自分でできることはやろうとする気持ちが出てくる
- 友だちのことを意識して「わたしも！」「ぼくも！」と頑張る姿が見られる
- 友だち同士のつながりが深まり、グループや集団で遊べるようになる。また1つの遊びの継続時間も長くなってくる

健康と安全
- 風邪やインフルエンザが流行する時期です。戸外から帰ってきたときの、手洗いやうがいを習慣づけましょう
- 室内の温度や湿度の調節に気をつけ、適度な換気をしましょう

広い空を　どこまでも
こがらし　ピューピュー音をたて
裸になった　木の枝なのに
それでも　しごいて通ります
小鳥も虫も　食べものを
探して　あちこち動きます
そのうち　虫は　かくれんぼ
カエルも姿を消しました
いったいどこにかくれたの？
春までずっと寝ているの？

ふり返り（評価）
- 進んで戸外遊びを楽しめたか
- 園庭の花や虫が少なくなっていることに気づき、冬の訪れを感じることができたか

自然の中で遊ぶ心地よさを感じる　　冬　冬の自然を知り寒さに負けず元気に遊ぶ

12月

- 冬の訪れを肌で感じる
- 土の中や木の皮に隠れる生きものの冬ごもりを知る

1週目　冬の風を肌で感じよう

行事	・12月の誕生会 ・避難訓練

子どもの生活

みんなでつくったおうちで遊ぼう！

角材にボンドをつけて積み上げたみんなのおうちが完成間近。「お店屋さんしたい！」「お母さんごっこしたい」とワクワク。楽しく使うためにみんなでルールを決めます。

おなかペコペコ〜

林でごはんを食べるのは気持ちよくて、とってもおいしい！ いっぱい遊んで、いっぱい食べます。

子どもの活動と保育者の姿

お外で遊ぼ！
- 追いかけ鬼をして遊ぶ。
  冷たい空気を感じながらしっかり身体を動かせるように薄着を心がけ、元気に遊びましょう。なるべく長い距離・長い時間を走り回れるよう、保育者が鬼になってあちこち追いかけましょう。

鳥さん来るといいね！
- 給食で残ったリンゴの芯やミカンをエサ台に置いてみる。
- どんな鳥が来るか楽しみに待つ。
  鳥がエサを食べる様子をそーっと見てみましょう。大きさや、色、鳴き声など、気づいたことをことばにしてみましょう。

こねこね
- シュレッダーにかけた紙で「シュレッダー粘土」をつくる。
- 林で見た虫や鳥をイメージして形づくりを楽しむ。
  「これをつくりたい！」「あっ！○○に見える！」という子もいて、それぞれ個性のある作品ができます。のりを入れて、よくもんで、感触を楽しみながら握ったり指で押したりして形をつくります。

保育者の配慮

- 寒いので部屋の中にこもりがちですが、戸外に出て日だまりで遊んだり走りまわったりしているうちに身体があたたかくなることに気づきます。
- 野山から飛んでくる野鳥を呼び寄せてその姿を見たり、鳴き声を聞いたりして観察してみましょう。メジロ、ヒヨドリ、ムクドリ、オナガ、スズメ、ハトなど鳥がより身近に感じられる機会になります。

2週目　寒さの中でも生長している植物を見てみよう

- 成道会（懇談会）
- 生活作品展準備、半日保育

どうしたの？
泣いている子や困っている子がいると自然に声をかけ合います。保育者に頼るのではなく子どもたち同士で手を貸し合い、なんとかしようと前向きに考えます。

い〜れ〜て〜
「いれて」「いいよ」と繰り返し言いあって、遊びたいと思うところへ1人でも出向いていきます。

12月　冬ごもり

あっ！芽が見えた！　👉 日案1

- 水栽培のヒヤシンスの様子を観察する。

ニンジン、大きくなったね！

- お母さんたちが畑で育てたニンジンを収穫させてもらう。
- 抜く前に、葉の様子、土の中のニンジンの様子をよく見る。
- どこをどうもったらうまく抜けるか考えてみる。
- 人参を自分の手で収穫し、きれいに洗ってその場で食べてみる。
- どんな味か、かんだときの音やかたさはどんなか、感じたことをことばにしてみる。
- お母さんたちにお礼を言う。

　自分の手で抜いたニンジンをさわらせましょう。子どもたちがどんなことばで表現するか注意深く聞いてみましょう。そしてほかの子どもたちに紹介します。また、抜いて洗ったら丸かじりして、そのものの味を味わってみます。かじった瞬間の、口に広がる香りやみずみずしさは忘れられない味となります。

作品をきれいにかざろう！　👉 日案2

- 自分のつくった作品をお父さんお母さんに見てもらおうと展示する。
- お友だちの作品を見てほめ合う。

　子どもは一生懸命につくったものは家族に見せたい、そして、ほめてもらいたいと思っています。保育者はその仲だちをします。

自然の中で遊ぶ心地よさを感じる　　冬　冬の自然を知り寒さに負けず元気に遊ぶ

12月

- 冬の訪れを肌で感じる
- 土の中や木の皮に隠れる生きものの冬ごもりを知る

3週目　落ち葉を集めて焼きイモをしよう

行事	・生活作品展 ・幼稚舎半日保育 ・希望者個人面談

子どもの生活

これはね…
自分でつくった作品の説明を懸命にします。

2学期のまとめをしよう
1つの行事を終えるたび、ぐーんとお兄さんお姉さんになります。「ステキになったところはどこだろう？」── 2学期をふり返って考えてみます。

子どもの活動と保育者の姿

落ち葉集めをしよう！

- ほうきを使って集めたり素手で拾ったりしながら園庭の1カ所に集める。
- たくさん集めて潜り込んだり寝ころがって空を見たりしてみる。
- 友だちと落ち葉かけっこをしてみる。

「どんな気持ち？」「どんなにおい？」「あったかい！」「お日さまのにおい！」と語りあいながら五感でその感触を満喫しましょう。寝ころがって耳をすまして、風の音や木々のざわめき、鳥のさえずりなどを聞いてみます。

焼きイモしよう！

- 集めた葉っぱを2、3日乾燥させる。収穫したサツマイモをぬれ新聞で包み、さらにアルミ箔で包む。
- 枝を集めて火をつけ、火の勢いが収まるのを待って、サツマイモを置き、灰をかぶせていく。

事前に消防署に連絡をとっておきます。子どもたちには火のこわさを伝え、約束ごとを決めます。煙の出る様子や葉っぱの燃える様子を観察しながら、できあがるのを楽しみに待ちます。

保育者の配慮

- 生活作品展では、子どもたちがどのようにつくったかを理解してもらうために、つくっていたときのエピソードなどを保護者に伝えると喜ばれます。
- 2学期のふり返りをして、頑張ったことなどを認め合うと、3学期の成長の力となります。
- 子どもたちの、自分の思いが形になったときの満足感を大切にし、自信を持って今学期を終えられるよう援助していきましょう。

自然の中で遊ぶ心地よさを感じる　　　冬　冬の自然を知り寒さに負けず元気に遊ぶ

4 週目　動植物の冬の過ごし方に関心をもとう

・終業式

しっかりね！
人の話がよく聞けるようになります。受け答えもしっかりできるようになりました。

きれいにね！
今年1年ももうすぐ終わりです。自分のロッカー、おもちゃ、お世話になったところをピカピカにします。

12月

冬ごもり

ほっぺた、まっかっか！　つめた〜い

- 風を切って走ると、ほっぺたも鼻の頭もまっかっかとなり、友だちと顔を見あわせて大笑いする。
- どうして赤くなるのかな？とふしぎを感じる。

「手が冷たいよ！」と言いながら保育者や友だちとさわりっこしたり、誰が一番冷たいか比べたりして、寒いときの皮膚感覚に注目してみましょう。

ミノムシ
ミノガ科のガの幼虫です。樹木の枝や葉を粘性の糸でつづって巣とします。その姿が、わらなどでつくった雨具「ミノ」の形に似ています。

木にぶら下がってるのなあに？

- 木の枝にぶら下がるミノムシを発見する。
- 枝について揺れている様子を見たり、中はどうなっているのだろうと想像してみたりする。

なぜ自分の身体を木の枝で包み込んでいるのかふしぎを感じ、考えてみましょう。
みんなで思ったことを発表してみましょう。
冬ごもりの意味を知り、どんな生きものがどんなふうに冬を過ごしているのか考えてみましょう。
私たちは寒さを防ぐためにどうやって生活しているか話しあってみましょう。

- 冬ごもりについては、ことばだけで説明して理解させることは難しいので、絵本を見せながら伝えていくとよいでしょう。
- 年長児をまねて集団遊びに参加する子が見られるようになります。保育者も加わり、子どもたちを誘いながら戸外で身体を動かして遊びましょう。
- 寒くなると今まで習慣化されていた手洗い、うがいがおろそかになることがあります。そばについて一緒にできるようにしましょう。

えほん

- 『はなをくんくん』
　　　ルース・クラウス 文　福音館書店

- 『たのしいふゆごもり』
　　　片山令子 作　福音館書店

- 『14ひきのさむいふゆ』
　　　いわむらかずお 作　童心社

97

自然の中で遊ぶ心地よさを感じる　　冬　冬の自然を知り寒さに負けず元気に遊ぶ

12月 日案1

水栽培の様子を見てみよう

ねらい
- 球根について知り水だけでも育つことに関心をもつ
- 根と芽の違いを知る

	9:45	10:00
子どもの活動	今日の予定を聞く ・11月にセットした水栽培をグループごとにテーブルに置く。 ・花の名前を確認する。 ・種ではなく球根ということばを思い出す。	水栽培を観察する ・黒い紙をとって見てみる。 ・気づいたことを伝え合う。
保育者の配慮	 コゲラのあけた穴	・根が出るまで、容器に黒い紙を巻いて暗く涼しいところに置いたので、あまり目にとまらずにいたため、子どもたちがじっくり観察できる時間をとりたい。 ・水栽培としてセットしてから1、2週間で白い根が伸びてくる。また同時に緑色の芽も高くなってくる様子を見せたい。 ・根や芽など、その部分と照らしあわせて、知らせていきたい。今まで世話をして収穫したジャガイモやサツマイモなどとも比較してみたい。
準備・エトセトラ		水栽培の仕方 ・水温が15℃を下回るようになったら開始時期。 ・根が出るまで球根は暗くて涼しい場所に置いておきます（覆いをしてもOK、1週間くらい）。 ・根が伸びてくるにつれて徐々に水を減らしていきます（根の2／3がひたるくらい、10週間くらい）。これは、根が呼吸しているからです。 ・水は1週間に1回かえましょう。 ・花が咲くまでは日のあたる窓辺においておきます（しっかり寒いところで育てる、暖房の効いた部屋は避ける）。

10:20	10:45
球根についての話を聞く ・アサガオやフウセンカズラの種との違いを発表する。 ・根と芽の区別を知る。	まとめ ・気づいたことを伝え合う。花が咲くまでの置く位置を決める。 ・グループで、どう観察を続けていくのか話してみる。
・種との大きさの違いから、球根自体に栄養分があるのでふくらんでいること、そのため水だけでも育つことを伝える。 ・このあとどうなっていくのか、予想させてみる。根について、芽について、花について。 ・水が凍ったらどうなるか、水の交換ははどうするのか、考えさせる。 ・根や芽が伸びて花が咲くまでの世話の仕方を考えさせる。	・花が咲くまでには水と太陽の光が必要なことを伝え、置き場所を考える。 ・生長が見られるよう日あたりのよいところに置くと、身近に感じられ楽しみにもなる。 ・それぞれグループごとにどんな花が咲くのか経過を見ながら開花を楽しみに待つ。
・ヒヤシンスについて知ったところで、水栽培ができるほかの球根も紹介してみるとよい。 ・できれば、スイセンやクロッカスなども用意して水栽培を楽しみたい。	
	ふり返り ・水だけで育つ植物があることに関心をもつことができたか。 ・根と芽の様子の違いが観察できたか。

12月 冬ごもり

自然の中で遊ぶ心地よさを感じる　　冬　冬の自然を知り寒さに負けず元気に遊ぶ

12月 日案 2　生活作品展に展示しよう

ねらい
- 自分で粘土をつくる
- つくった粘土で形づくりを楽しむ

	9:45	10:00
子どもの活動	シュレッダーとは何か話を聞く ・シュレッダーにかけた紙の山を見る。 ・手でさわってみる。  シュレッダーにかけたカラーペーパー	シュレッダーにかけた紙で「シュレッダー粘土」をつくる ・シュレッダーにかけた自分の好きな色の紙をボールに入れる。 ・魔法の水（洗濯糊）をまぜていく。 ・手でよくまぜあわせる。 ・少しそのままおいて落ち着かせる。
保育者の配慮	・あらかじめ色画用紙もシュレッダーにかけて、色味をつけておく。 	・シュレッダーにかけた紙のリラサフ感を味わわせたあと「魔法のお水を入れます」と言って洗濯糊を少しずつ入れていく。子どもたちがワクワクし、さわりたくなる気持ちが起こるようなことばをかける。 ・紙の形がなくなるまで力いっぱいまぜ合わせるよう、一人ひとりを巡視していく。 ・普段使っている粘土と違うこと、また自分で紙から粘土をつくっていくことを強調する。
準備・エトセトラ	・シュレッダーにかけた紙を集めておく。色別にしておくとよい。 ・糊が大量に皮膚につくと荒れることがあるので注意する。 **用意するもの** ・液体の洗濯糊 ・塩少々（防腐剤） ・ボールまたはビニール袋 ・発泡スチロール皿 ・ポスカまたはマジック	・保育者がまず試してみて、シュレッダーにかけた紙と洗濯糊の割合を確認しておく。 ・粘土の飾りつけに使う素材はよく考えて2、3種類くらいを用意する。シュレッダーにかけた紙そのもののよさをひきたたせるために、色をよく吟味する。 

自然の中で遊ぶ心地よさを感じる　　冬　冬の自然を知り寒さに負けず元気に遊ぶ

10：20	11：00

「シュレッダー粘土」で遊ぶ

　①形づくりをする。
　②自分が今まで見てきた虫をイメージして形をつくる。
　③虫に形づくったものに色をつけた発砲スチロールの板や棒をさしていく。

作品をかざる

・できた作品を窓辺に集め乾かす。
・片づけをする。
・窓辺に集めた作品をみんなで見る。
・2、3日たったら、作品を冷蔵庫に入れて乾燥させる。

12月
冬ごもり

・「シュレッダー粘土」は細いパーツをつくるより、大きなかたまりとしての作品づくりに適しているので、虫のからだとして大きく形づくれるように声をかける。
・形ができたら色をぬったトレーを羽にしたり、からだの模様として刺していくように促す。
・楽しい発想、その子なりの工夫をみんなに紹介し、ほかの子たちへの刺激になるようにする。

・乾かす方法もわかりやすく伝える。
・友だちの作品を見て感じたことを伝えあう。
・友だちにもらった意見をもとに、仕上げに反映させる。
・乾いたあと時間をとり、一人ひとりに向き合って仕上げていく。

・「シュレッダー粘土」をやわらかくつくると、カーブさせたり穴をあけたりすることができる。
・日のあたる所に置いたり冷蔵庫に入れるなどして乾燥させる。もし、ひびわれたり切れたりした場合は、木工用ボンドを水で溶いて筆で塗っていくとよい。
・制作途中の様子を写真に撮ったり、発したことばをメモしたりして展示する作品の横に添える。

・仕上げとして目鼻をつけたり色を塗ったりする。
・作品を引き立たせるための台紙や展示の仕方も工夫する。
・この活動のねらいや、作品づくりに向かう子どもたちの様子などもまとめて、全体の作品紹介として一緒に展示する。

<u>ふり返り</u>
・力いっぱいこねることができたか。
・手先を使って自分のイメージを形にすることができたか。
・発表したり展示したりすることによって喜びを感じられたか。

1月 雪

年間のねらい
自然の中で遊ぶ心地よさを感じる

冬のねらい
冬の自然を知り寒さに負けず元気に遊ぶ

月間のねらい
- 冬の生活を楽しむ（雪が降ったら雪遊びを楽しむ）
- 寒さに負けず戸外で身体を動かして遊ぶ

子どもの姿
- いよいよ3学期がスタートし、「次は〇〇バッジだよ！」と進級に胸をふくらませている
- 冬休みの経験を、夢中になって伝えたがる
- 休み明けで生活習慣の乱れもあり、園生活の規則的な生活に戻るのに時間がかかったり、寒さのため登園をしぶったりする子も出てくる
- 手伝いや頼まれたことを張り切ってやろうとし、認められると満足する

どうして雪は降るんだろう
暗い空から落ちてきて
数えきれない雪の数
どうして雪は白いんだろう
屋根も庭もみんなまっ白
どうして雪はとけるんだろう
おひさまにあたると
キラキラ光って
そのうち　だんだん消えていく
雪って不思議なものなんだ

健康と安全

- 寒さが一段と厳しくなる季節です。ひき続き風邪をひかないよう、外から帰ったら手洗い、うがいを習慣づけていきましょう
- 部屋の温度と換気に気を配りましょう

ふり返り（評価）

- 寒さに負けず戸外に出て、友だちと遊ぶことができたか
- 自分から冬の自然物に興味をもち、ふれることができたか
- 自分から進んで、気づいたこと、見たこと、知ったことを伝えられたか

自然の中で遊ぶ心地よさを感じる　　冬　冬の自然を知り寒さに負けず元気に遊ぶ

1月

- 冬の生活を楽しむ（雪が降ったら雪遊びを楽しむ）
- 寒さに負けず戸外で身体を動かして遊ぶ

1週目　散歩に出て日なたと日かげの違いを感じてみよう

行事	・保育園始業式	
子どもの生活	**自分でやるよ！** 冬休みが明けて、自分でやるという気持ちが増してきます。その気持ちを大切にし、自分でやれることを少しずつ増やしていきます。	**赤バッジになるには？** 「どうしたら、赤バッジになれるかな？」——3学期のスタートを機に、少しずつ進級の意識がもてるように生活を見直していきます。

子どもの活動と保育者の姿

あれ！息が白いよ
- 散歩に出かけ、冬の冷たい空気を感じる。
- バケツにはった氷など、冬ならではの自然を楽しむ。

ここあったかいよー、ネッ！
- 日のあたる所とあたらない所で温度差のあることを感じる。
- 「暗い」「まぶしい」「明るい」などのことばを、外に出て実際の状況にあてはめてみる。

同じ戸外でも居心地のよい場所とそうでない所を感じてみましょう。

保育者の配慮
- 子どもたちは雪を待ちこがれています。「雪が降ったら○○しようね」と友だちと遊びを連想してワクワクしています。
- 今学期はひなまつり会に向けて友だちと意見を交換し、協力して1つのものをつくりあげる喜びを感じられるように、かかわりをもっていきましょう。
- まずは、自分の思いを発表するだけでなく、友だちの意見を聞いてどう思ったのか、までを伝え合えるよう導いていきます。

> いつでも雪遊びができるよう、家庭と連絡をとっておきます。着替えをもって、手袋をはめ長靴をはいて登園するように準備してもらいます。

2 週目　冷たい風を感じてみよう

・幼稚舎始業式
・避難訓練、半日保育

一緒にね！
2、3歳児での朝の会。3歳児がお手本になって返事をします。──「お名前を呼びます。元気よく返事をしてください」

あのね、わたしね…
冬休みの話、家族で過ごしたエピソード、みんなに聞いてほしい！「こんなことがあったんだよ！」──友だちも静かに聞きます。

♪たこたこ揚がれ～

- たこ揚げなどをして、寒さに負けず、戸外で元気に遊ぶ。
- 川原など、広い場所に行って高く揚げてみる。
- たこを揚げながら、風の有無、どちらからどちらに吹いているのかなどに気づく。

寒くても、冷たい風を感じながら外に出て走ります。みんなで鬼ごっこをすると、身体はポカポカ。しっかり身体を動かして楽しめる遊びを考えましょう。お正月遊びなども取り入れながら、友だちとの遊びを広げていきます。

この花な～に？

- ツバキやサザンカなど、寒い中でもきれいに咲いている花を探す。

落ちた花びらを集めてままごとをしたり、厚手の花びらを木の枝に刺して、遊び方を広げていきます。

1月 雪

- いろいろなことにチャレンジし、目的をもって「やってみよう」という意欲を大切にして過ごせるよう援助していきましょう。
- 集団遊びができるようになり、また仲間同士で遊びを工夫するようにもなってくるので、遊びが広がるよう後押ししましょう。
- 子どもたちが進んで話をするようになるので、あいづちをうったり、「それで？」とことばをつなげて聞いてあげましょう。

自然の中で遊ぶ心地よさを感じる　　冬　冬の自然を知り寒さに負けず元気に遊ぶ

1月

- 冬の生活を楽しむ（雪が降ったら雪遊びを楽しむ）
- 寒さに負けず戸外で身体を動かして遊ぶ

3週目　表現遊びを楽しもう

行事
- 1月の誕生会
- 参観日
- 幼保懇談会

子どもの生活

もっと読んで！
『三びきのやぎのがらがらどん』の絵本が大好き。ページをめくると、スラスラ文が出てくるくらい、すっかり覚えています。

わたし〇〇やりたい！
好きなお話を劇にして、自分で役を選びます。「やってみようかな」「やってみる！」と積極的に手をあげて頑張ります。

子どもの活動と保育者の姿

食べものを探してこわい谷を渡る「がらがらどん」がいいよ！

ひなまつり会に向けての練習が始まります。本番に向けて、今から少しずつ進めるのがよいでしょう。3歳児は、子どもたちの大好きな絵本や覚えやすい内容のものから劇につなげていきます。

ちびやぎになる！　トロルは誰がやる？

- 「がらがらどん」の役決めをみんなで話し合う。

「トロルは先生がやればいいよ！」と子どもたちから意見が出ました。保育者も一緒に舞台に出ると、子どもたちも安心するので役を引き受け、保育者を含めクラス全員で楽しみます。

はやくやろうよ！

- 役が決まると、大きな声でセリフを言ったりみんなで動きを考えながら練習したりする。

♪シャカシャカ♪ ♩ ♫

- 木の実マラカスをつくる。

容器の中に乾燥した木の実を入れて、テープで止めます。みんなで曲に合わせてリズミカルに振ってみます。木の実の種類によって音が違うので、いろいろな音を楽しみましょう。劇の中で擬音として使ってもよいでしょう。

保育者の配慮

- 冷たい風が吹いて、室内での遊びが多くなる時期です。集団としてのまとまりも出てきたところで、大好きな絵本から表現遊びにつなげていきましょう。好きな役を選んで、「やってみよう！」という気持ちを高めていきましょう。
- 食べものがないと虫も鳥も魚も動物も生きられない。食べものを自然の中で見つけるのは大切な仕事。そんな自然の話と、いつも聞いていた『三びきのやぎのがらがらどん』のお話とが結びついて、ひなまつり会の劇のテーマが決まりました。

4 週目　冬の戸外に出て雪で遊ぼう

- 1日入園
- 林遊び開始

楽しい幼稚園だよ！
新しく入園してくるお友だちとのんびり過ごします。進級する喜びを味わいながら楽しく遊びます。

冬の林に何かいるかな？
「足が冷たくなっちゃう」「林は幼稚園より寒いね！」「虫はどうしているのかな？」

冬の林に行こう！

- 冬の季節を身体で感じる。
- 「靴が重たい！泥がたくさんついてるよ！」── 霜の降りたところを歩いてみる。

> 吐き出す息の白さを見たり、息で手をあたためたりしながら冬の季節を五感で味わいましょう。「霜柱をこわさないように、じょうずに手のひらに乗せられるかな？」「きれいに並んでいるね」と友だちと観察してみましょう。

いっぱい雪が積もったね！　外で遊んでいいでしょ！　☞ 日案1

- 外のテーブルに積もったたくさんの雪を丸めて、大きな玉にしてみる。

> 待ちに待った雪に、いてもたってもいられず外へ飛び出していく子どもたち。手袋をはめジャンパーを着て、雪合戦をしてみましょう。どこにどんなふうに積もっているか、遊びながら冷たさや白さ、やわらかさを感じてみましょう。

1月　雪

- どの子にも話ができる環境をつくってあげましょう。自分から話さない子には、保育者のほうから話しかけ、選択肢を設けて自分のことばで答えられるように工夫しましょう。

自然の中で遊ぶ心地よさを感じる　　冬　冬の自然を知り寒さに負けず元気に遊ぶ

1月 日案1　雪で遊ぼう

ねらい
- 雪の感触を楽しむ
- 友だちと雪の遊びを楽しむ

	9:30	10:00
子どもの活動	登園する ・雪を手にいっぱいにかかえながら登園する。 ・部屋の中から園庭を見て、遊具（ブランコの上、クラシックカーなど）に積もっている雪に歓声をあげる。 ・友だちと積もっている場所を教え合う。 ・先生の話を聞いて、雪遊びの身支度をする。	外に出て雪にふれる ・外に出てみる。まっ白な所に手形や足形をつけてみたり寝ころがってみる。 ・積もっている雪を手で集める。
保育者の配慮	・まっ白になった園庭の様子、遊具のほか花壇や木の枝に積もった様子に気づかせる。 ・木の枝の先や葉にたまった雪を見て「きれいだね」「葉っぱの上の雪、光ってる」などと感じたことばを拾いあげほかの子どもに伝える。	・遊具にたまった雪を両手でかかえてみたり、片手で端によせたりして、雪の冷たさ、やわらかさ、重さ、色などを感じさせる。 ・たくさん積もっている所を探しあったり思いもよらないところの雪を見つけて知らせ合ったりする。
準備・エトセトラ		・存分に遊べるような身支度をさせておく。 ・着替えもスムーズにできるよう事前に準備して、部屋の中にそろえておく。

10：30

雪で遊ぶ

- 雪を集めて、雪だるまや人形をつくる。
- 山にして坂をつくり、ソリですべる。
- 型に入れて、ごっこ遊びをする。
- 雪合戦をする。
- 木を揺らして雪を落とす。

- 雪を集めるだけでも楽しい遊びになる。手で握ってかためられるか、雪を集めて山にしてかためるためにどうしたらよいか、などと投げかけながら、力の入れ方とかたまり方なども感じさせる。
- 滑るという特性も利用して遊びを工夫させる。保育者からも提案できるように考えておく。
- なかなか得られない機会なので、保育者自ら楽しむ活動にする。
- 「寒い」と訴える子どもにも様子を見ながら楽しめる遊びを提供していく。

- 雪が降っている場合は、その場で黒い画用紙でサッと受け止めると、肉眼でも結晶を見ることができる。
- 雪が空から次々に落ちてくる様子や、木の枝、地面に積もる様子など、刻一刻と変わる景色をしばらく見せておくのもよい。

10：50

発表する

- ぬれた洋服を着替える。ぬれたものの始末をする。
- 雪の感触や雪でどんなふうに遊んだか発表する。

- 存分に遊んで汗をかいたので、冷えて風邪をひかないようすぐに着替えさせる。
- ぬれたものをひとまとめにビニール袋に入れてもち帰らせる。
- いろいろな遊び方があったことを紹介する。
- 雪に対するイメージと実際の感触がどんなだったかを発表させる。
- 次に雪が降ったらどうしたいか、期待をもたせる。

ふり返り

- 場所による雪の積もり方の違いを感じられたか。
- 雪の冷たさ、やわらかさを感じられたか。
- 雪遊びを楽しむことができたか。

1月 雪

2月 氷

年間のねらい
自然の中で遊ぶ心地よさを感じる

冬のねらい
冬の自然を知り寒さに負けず元気に遊ぶ

月間のねらい
- 冬の自然現象に興味をもつ
- 氷の変化を知る

子どもの姿
- 好きな遊びを見つけて、気の合う数人で遊ぶようになるが、仲間に入れない子も目立ってくる
- 遊びが盛り上がるとグループ同士のトラブルも出てくるようになる
- 寒さに負けず戸外で元気に遊ぶ姿が見られるが、なかなか外に出たがらない子も出てくる

健康と安全

- 風邪が流行する時期なので、園内で情報を共有します。かかったときには早めに治療するよう協力を求めておきましょう
- 風邪やインフルエンザなどの流行性・伝染性の病気に関しては、状況を保護者にも伝えておきましょう。また、蔓延(まんえん)を防ぐための方策を考えておきましょう

畑の土を踏んでごらん
ザクッ　ザクッと　いい音するよ
川も池もバケツの中も
みーんな氷が張っている

割らないように　そうっと持ったら
おててがまっかになりました

ふり返り（評価）

- 氷や霜柱を見つけて遊ぶことができたか
- 雪や氷にふれながら、水の変化を知ることができたか
- 身近な生活の中でイメージをふくらませながら、活動が広がったか

自然の中で遊ぶ心地よさを感じる　　　　冬　冬の自然を知り寒さに負けず元気に遊ぶ

2月

- 冬の自然現象に興味をもつ
- 水の変化を知る

1週目　友だちと一緒に氷を見つけよう

行事	・節分会 ・2月の誕生会

子どもの生活

鬼は外、福は内！
自分の中にいる泣き虫鬼、怒りんぼ鬼を退治しましょう。大きな声で鬼を追い払い、きれいな心で生活します。

行ってきまーす！
2歳児のペアを誘って散歩へ出発です。「歩くときは、わたしたちが守ってあげるからね」

子どもの活動と保育者の姿

鬼の面をつくろう！

- 自分の心の中にいる弱い鬼、悪い鬼について考えてみよう。

節分に関する紙芝居や絵本を読んで、節分の意味を教え、興味がもてるようにしていきましょう。

これなあに？　バケツのお水がキラキラしてる！氷を通して向こうが見えるよ。アレ？　もっているうちにとけちゃった〜

- 1人の子が気づいた氷、ほかにもどこかにないか探してみます。どんな所にどんな氷があるか、型から出したり手でさわったりして、冷たさや重さ、厚さを感じます。

保育者の配慮

- 道で見つけた氷をもって登園すると、みんなが集まってきます。この時期しか見られない光景です。保護者にも、みんなが氷に興味をもっていることを伝え、家のまわりや通園路も注意しながら登園してもらいます。
- ひなまつり会に向けての劇は、担任のことばだけではなく、ほかのクラスの子どもや保育者のことばも聞いてつくりあげていきましょう。

> ひなまつり会で劇の発表をするときなどの衣装に関しては、保護者に早めに詳しく説明して、準備をお願いしておきましょう。

自然の中で遊ぶ心地よさを感じる　　冬　冬の自然を知り寒さに負けず元気に遊ぶ

2週目　新しい芽を見つけよう

・避難訓練

「入れて」「いいよ、遊ぼう！」

楽しそうに遊んでいる友だちのところへ行って「仲間に入れて！」と大きな声で自分から言う姿が見られます。

大変だよ！　みんな来て〜

「お水を出そうとしたら出ないんだ」「どうして？」「手が洗えないよー」

チューリップの赤ちゃんだ！

・チューリップの緑の芽が出ているのを発見。のぞきこんでみる。

庭のいろいろな所に頭を出したチューリップの芽。「小さいね」「かわいいね」「大きくなーれ」などとことばを交わしながら、春が近づいてきたことに気づかせましょう。

ブランコ乗ってたら鼻水が出てきちゃった〜寒いけど気持ちいい！

・冷たい風を切ってブランコをこいでみる。

ピーンと張りつめた冷たい風に、耳も痛くなるほど。ブランコは四季を通じて子どもたちの大好きな固定遊具ですが、2月の空気の冷たさは格別です。それがまた、楽しいと感じられるようなことばを投げかけましょう。

2月水

・植物も動物も、そっと息をひそめる寒い季節ですが、そんな中にも新しい生命の芽生えを見ることができます。その小さな変化に気づかせましょう。

自然の中で遊ぶ心地よさを感じる　　冬　冬の自然を知り寒さに負けず元気に遊ぶ

2月

- 冬の自然現象に興味をもつ
- 水の変化を知る

3週目　氷をつくってみよう

行事	・涅槃会（懇談会） ・ひなまつり会リハーサル	
子どもの生活	貸して、とりかえっこしよう！ やりたいこと、使いたいものがはっきりしてきてトラブル発生。まわりの子どもたちに促されて「じゃあ貸してあげる」「ありがとう」	もっと大きな声で！ 自分で選んだ役。ちょっぴり恥ずかしいけどだんだん大きな声が出せるようになってきました。

子どもの活動と保育者の姿

がらがらどん会議がしたいんだけど…

> 子どもたちからの提案を大切にし、まかせてみます。年長児にアドバイスしてもらったことを、みんなはしっかり練習しているかな？子どもたちだけの確認の会議です。みんなでつくり上げていこう！という気持ち、勢いが伝わってきます。

雪や氷で遊ぼう！

> ・冬の自然現象にふれ、この季節ならではの遊びを楽しむ。
>
> 冬の自然現象に目を向けてみましょう。子どもたちが発見したことを大切にして、遊びが発展できるようにしましょう。

氷をつくってみよう！　氷ってどうしたらできるんだろう？　☞ 日案1

- バケツに水を張ってシンプルな氷づくりをしてみる。
- 色をつけたり、中に葉を入れたり、棒をさしてみたりしてみる。
- 氷のできる場所も考えて変化をつけてみる —— 縁の下、木の陰、建物の裏、木につるすなど。

> 子どもたちと話しあって、実験的にいろいろな場所で色や形づくりを楽しみましょう。また、子どもたちからの要求にこたえられるよう、教材を用意しましょう。

保育者の配慮

- 冷たい水にさわったら、手をよく洗って水気をふきとりよく乾かします。
- ひなまつり会に向けて、前日までに、一人ひとりの衣装をその子の袋に分けて入れておきましょう。

自然の中で遊ぶ心地よさを感じる　　冬　冬の自然を知り寒さに負けず元気に遊ぶ

4 週目　冬の虫の生活を見てみよう

・半日保育
・ひなまつり会

手をよく洗おうね

「冷たい水だけど、丁寧に洗わないといけないんだよね」

衣装つくってもらったよ！

役に合った衣装を着て、いよいよ本番です。お客様の方を向いて、大きな声でね。

ひなまつり会、ドキドキしちゃう！

- 大きな舞台で、大きな声を出してセリフを言う。

今まで練習してきた劇を発表します。役になりきって友だちと楽しみながら演じます。ちょっぴり緊張しながらも、お父さん、お母さん、おじいちゃん、おばあちゃんたちに見てもらうことを楽しみにがんばります。

カマキリの卵見つけた！

- 木の枝についていた卵を見つける。
- コンクリートの塀や木の幹など探して、見つけっこしてみる。

なかなか虫にはあえないけれど、木の幹や枝、木の皮がはがれているすき間、落ち葉や大きな石の下をめくってみると、普段目にしない卵や虫たちがじーっとしています。ダンゴムシも丸くなったままかたくなっています。冬の虫の生活を見てみましょう。

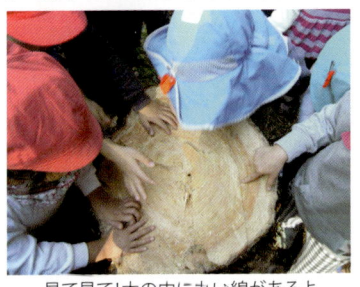

2月　氷

見て見て！木の中に丸い線があるよ

- 友だち同士、グループ同士のトラブルも見られますが、遠くから様子を見ていきましょう。助けを求めてきたら双方の話をよく聞き、間をとりもち、どちらがどうだったかを伝えてあげるようにします。大切なことはクラス全体に投げかけ、話し合いましょう。
- トラブルを通して「順番」や「交替」が分かるようになります。ことばを介してスムーズにいくよう見守りましょう。
- 戸外で簡単なルールのある遊びを提供し、保育者も一緒に楽しみましょう。

> 外から帰ったら、必ずうがいをさせましょう。手洗いは袖をめくって手首までしっかり洗わせましょう。部屋の気温や湿度を適切に保ちましょう。

自然の中で遊ぶ心地よさを感じる　　冬　冬の自然を知り寒さに負けず元気に遊ぶ

2月 日案1　氷で遊ぼう

ねらい
- 寒さに負けず戸外に出て、冬の自然物を探す
- 冬の自然のふしぎに気づく

	9:45	10:00
子どもの活動	霜柱に気づく ・霜柱を手に登園してきた子に群がりみんなで見る。 ・霜柱って何？とふしぎを感じる。 ・防寒具をはおり、保育者や友だちと外に出て探しにいく。	霜柱や氷を見つける ・友だちの行かない場所に行って探す。 ・そーっともってみる。 ・氷から外をすかして見る。 ・手で触って、ツルツル、ザラザラ感を楽しむ。 ・大きさや厚さ比べをする。 ・手で割ってみる。 ・日なたと日かげに置いて様子を見る。
保育者の配慮	・「ワー、よく見つけたね、どこにあったの？」「いいなー」という子どもたちの好奇心を霜柱探しにつなげる。 ・冷たい北風が吹くと、鉄棒やブランコも冷たくなることに気づかせる。	・朝のまだ寒い時間、陽のあたらない所を見計らって氷を探しにいくとよい。 ・どんな所にどんなふうに何が凍って氷ができているか自分で探して感じとれるように見守る。 ・見つけたときの喜びを感じながら手にとってみる。 ・氷を通してものを見てみるように促す。その際、太陽を見ないように注意する。 ・友だちの見つけた氷との違いを比べ、どこで見つけたか、その場所を知らせあえるようにする。 ・もっと氷で遊びたいという要望があればそこから氷づくりに発展させる。 ・園庭の中の氷のつきやすい所、寒い所を発表させる。 ・どんな氷をつくるか話し合わせる。
準備・エトセトラ	・登園する道で見つけた霜柱を両手でそーっともってくる姿、家の庭にはった氷を水をしたらせながら大事にもってくる姿、こんな子どもたちの様子をとらえて、ほかの子どもたちも霜柱や氷に興味がもてるよう戸外に誘う。	・霜柱は地中の水分が凍って盛りあがったことを知る。 ・カップに水だけを入れたもの、水の中に花や石、折り紙片を入れたもの、色水にしたもの、一度わかしてさましたものなど、いろいろな水をつくってその違いを知る。

10:30

氷づくりをしよう

- 場所をかえる。
- 形をかえる。
- 色をつけてみる。
- 実などを入れてみる。

- グループをつくり、そのグループごとに話しあっていろいろな工夫をしながら、氷つくりに挑戦させてみる。
- 園庭のあちこちに隠して降園させる。翌日ワクワクしながら、見に行ったり、凍っているカップを見て喜んだりする表情を見る。
- うまくできていなかったら「どうしてできなかったのか?どこでならできるのか?」とみんなで話し合わせる。
- いろいろな氷を見せ合ったり、お店やさんごっこに発展させたりする。

11:00

雪と氷との違いを考える

- ぬれた服を着がえる。
- 手をよく洗い乾いたタオルで水気をよくふきとる。冷たいまま、ぬれたままにしておかない。
- 雪と氷の違いを考えさせる。
- 用意した水がどんな氷になるか期待をもたせる。

- 汗をかいていると冷えるので、遊んだあとはすぐに着がえる。またぬれたものを着ていないか、一人ひとりチェックする。
- たくさん遊んで楽しかったこと、つらかったことを発表させる。なかなかできない貴重な経験として大切な時間であったことを伝える。
- 氷づくりは数日間、毎日みんなで様子を見ていくことを約束し、楽しみにする。また、気づいたことは朝の会で伝え合おうと呼びかける。

2月 氷

ふり返り

- 氷づくりを楽しむことができたか。
- 氷や霜柱は何からできているかを知ることができたか。
- 想像したり考えたりして、友だちと氷について話し合うことができたか。

3月 士

年間のねらい
自然の中で遊ぶ心地よさを感じる

春のねらい
戸外に出て身体を動かし花や風を感じる

とがった風もやわらいで
お山の雪もとけてきた
とけた雪は小川となって
シャパシャパシャパッとはしゃいでる

月間のねらい
- 戸外に出て春を見つける
- 季節の変化をいろいろなことから気づく

子どもの姿
- 友だち同士の遊びが盛んになり、同じ遊びを楽しむなど、かかわりが増えてくる
- 自分の身の回りのことは手を借りずにできるようになる
- 進級することへの喜びや期待がいろいろな場面で見られる

川の虫たち元気になって
おたまじゃくしは　まだかしら
ふきのとうも顔出して
なんだかウキウキ春がきた

健康と安全
・新しく入園してくる子どもたちにきれいで安全なものを提供できるよう、部屋の内外に気を配りましょう

ふり返り（評価）
・感じたことをことばで表現し、意思の疎通を図ることができたか
・あたたかくなってきたことを実感し、芽吹きなど動植物の変化に気づいたか

自然の中で遊ぶ心地よさを感じる　　早春　戸外に出て身体を動かし花や風を感じる

3月

- 戸外に出て春を見つける
- 季節の変化をいろいろなことから気づく

1週目　風の違いを感じよう

行事	・避難訓練 ・3月の誕生会	
子どもの生活	**ドキドキしたね！** 「ひなまつり会楽しかったね」「いっぱい、ほめてもらったよ」	**仲よしだよね** 「みんな友だち！　大好きだよ！」──友だちと過ごす時間が楽しくて、声をかけ誘いあって遊びます。
子どもの活動と保育者の姿	**梅の花っていいにおいだね** ・寒さが一段落して雨あがりに漂う梅の花の香りに気づく。 ・どの木の花か探してみる。 寒い中、つぼみをふくらませて咲く花があることを知ります。ジンチョウゲ、ヒヤシンス、モクレンなど、あちこちに咲く花を見つけてみましょう。 **春一番！** ・今までの冷たい風とは違う風を感じる。 ・「春一番」ということばを知る。 春を運んでくる風、これから季節が変わっていくことを感じます。あたたかくなって変わってきた日の光、風、空の色を見てみましょう。	
保育者の配慮	・みんなで取り組んだ劇。たくさんの拍手をもらって大満足です。頑張ってじょうずにできたことを自信につなげます。 ・劇遊びを通じてクラスが1つにまとまりました。 ・子どもたちが感じる春を大切にしましょう。ちょっとした変化に気づいたことをとらえて、「どこで感じたの？」とたずねてみます。肌や目や耳や手でいろいろなものの感触を確認して、気づいたことをほめましょう。 ・いつも言われてきたことが自分たちの中にしみこんできました。友だちと伝え合うことができます。成長したことをほめましょう。	

自然の中で遊ぶ心地よさを感じる　　早春　戸外に出て身体を動かし花や風を感じる

2 週目　あたたかさを感じよう

- 三者面談
- 林の整備

お話は目を見て聞くんだよ

「ほら、しずかに！」「シーッ！」── お話を聞くときは話している人の目を見ます。

わぁ～、まぶしい！

木と木の間からお日さまの線が見える！──
「まぶしい」「きれい」「上にささってる」

いっぱい遊ぼう！走ろう！

- ポカポカ陽気の中で身体を動かして遊ぶ。
- 園庭で泥んこになって思い切り遊ぶ。

ポカポカとあたたかくなり、気持ちのよいお天気が続きます。春の気配を身体じゅうで感じましょう。

今日はあたたかいね～、散歩に行こう！

- ヒヤシンスの花が咲いて部屋の中に漂う香りを感じる。
- 畑では地面から湯気があがっていることに気づく。

気温が上がりあたたかくなってきたことを、普段の生活や、花・虫の動き、植物の生長など身近なところから感じていきましょう。

✏️ **成長の記録**

子どもたちの健全で確かな成長のため学期ごとに家庭と連携をはかる記録です。指針を立て、丁寧に向きあい園と家庭の意見を交換し、共通理解をはかりながら、子どもの育ちを援助していきます。担任以外の保育者のコメントも入り多くの視点で子どもの成長を促していきます。

- 個人面談を保護者と子ども、保育者の三者で行います。成長の記録を見ながら、成長した点を確認してほめ、進級への期待を持たせましょう。

3月　土

自然の中で遊ぶ心地よさを感じる　　早春　戸外に出て身体を動かし花や風を感じる

3月

- 戸外に出て春を見つける
- 季節の変化をいろいろなことから気づく

3週目　春の日ざしをあびて大きくなる芽を見てみよう

行事	・お別れ会 ・卒園式	
子どもの生活	**年長さんありがとう！** ペアにはたくさんお世話してもらいました。 ──「言うこときかなくてごめんなさい。でも大好きだよ！」	**ピンクバッジにバイバイ** もうすぐ4歳、お兄さん、お姉さんになります。──「ペアが泣いていたら優しくしてあげる！」

子どもの活動と保育者の姿

木の枝に緑の何かがついてるよ

・枝の先にふっくらした緑の芽が出ていることに気づく。

新しい芽がふくらんでくる様子をときおり観察してみましょう。あたたかくなるとどんどん大きくなっていきます。その一つひとつを目に焼きつけたいものです。

日なたってあったかい！

・薄着を心がけ、元気に外で遊ぶ。

寒さが残る日々ですが、あたたかな日ざしに春を感じる日があります。早春の自然を身体じゅうで感じましょう。
友だちと手つなぎ鬼をしていると、身体がポカポカしてきます。自分からトレーナーをぬいで衣服を調節して身軽になります。

保育者の配慮

- 自分から進んで取り組もうとする意識、姿が見られます。話を聞いて分からないことは聞きにきたりするなど積極的になります。
- 子どもたち一人ひとりの「精一杯」を認め、新しいことに1歩踏み出す勇気につなげていきましょう。
- クラスの仲間としてのつながりを感じ、一緒に過ごす楽しさを味わえるよう配慮しましょう。
- 子どもたちのごっこ遊びに保育者も入り込み、役になりきって遊びを進めていきましょう。

4 週目　ジャガイモを植えよう

- ジャガイモの植え付け

ジャガイモを植えよう！
「ぼくたちが植えたら、今度入る新しいお友だちと掘りにくるんだね」

お部屋をきれいにしよう
「イスも机もきれいにしなくちゃ」「ロッカーもからっぽにして、ゴミはないかな?」

ジャガイモ植えに行こう！　👉 日案1

- 年長さんが卒園後、3、4才で植え付ける。
- 「どうして灰をつけるの?」「どこに植えるの?」「どこから芽が出てくるの?」── 話をよく聞いて植える。

話をよく聞いて自分たちで植えてみましょう。お世話も自分たちでやっていくという自覚をもちます。

これがカエルの卵！ いくつあるかな？

- 長いヒモの中に黒い丸いものがたくさんあるのを見つける。
- その1つひとつからオタマジャクシが出てくることを知る。

川べりで見つけたカエルの卵。命の誕生です。2カ月くらいでカエルになります。そして林でみんなと出合います。

- 1年の終わり。自然界もまた春が来て、1年が巡っていることを知ります。自分たちも1つ大きくなって新しい生活がスタートします。認め合い、伝え合って友だちや保育者と一緒に過ごす心地よさを保育者も共に感じていきます。

陽光の中で遊ぶ心地よさを感じる　　早春　戸外に出て身体を動かし花や風を感じる

3月 日案1 ジャガイモを植えよう

ねらい
- ジャガイモの植え方を知る
- 自分で植えてみる

	9:45	10:10
子どもの活動	畑に行く準備をする ・ホールに集まりジャガイモの植え方を確認する。 ・畑に出かける。 	畝(うね)を前にして説明を聞く ・それぞれ種イモをもらう。 ・種イモを半分に切り、切り口に灰をつける。 ・どちらが上か下かを確認し灰をつける。 ・自分の植える場所に向かい、間隔をはかりながら種イモを置いていく。 ・灰をつけたほうを下にして置いていく。
保育者の配慮	・卒園式も終了し、年少中児が中心となって行う大事な活動となる。 ・緊張感と共に自分たちが活躍できる場として意欲的な子どもも出てくるので、この機をとらえて引き立てる。 ・どうして種イモを半分に切るのか、なぜ切り口に灰をつけるのか、生長するための理由があることを説明しておく。	・年中児と年少児のペアで種イモを等間隔で置いていけるように見守る。 ・守るべきことが抜けてしまったり間違ったりした場合は「それでいいのかな？」と自分たちで気づけるような問いかけをしてみる。投げかけたら、灰をつけたり、植えたり、土をかぶせたりの作業がうまくいったときはほめて励ます。 ・種イモをもらい、灰をつけ、畝に入る、などの工程がスムーズに流れるように、ポイントとなる場所に保育者が立つようにするとよい。
準備・エトセトラ	・植え付けの2週間前に園でつくっておいた堆肥を混ぜ、畑を耕しておく。子どもたちと一緒に運転手さんなど、保育者以外の人たちの力を借りて畑の土づくりをしておく。 ・前日にジャガイモの植え付けについて昨年の経験者の年中児に聞いてみる。	

自然の中で遊ぶ心地よさを感じる　　　早春　戸外に出て身体を動かし花や風を感じる

10:30

全体を見わたす

- 土をかぶせていく。
- おいしいジャガイモができることを楽しみにする。

- 子どもたちに「これで土をかぶせて大丈夫か」と、判断を促す。
- 1列に種イモが並んだことを確認して両手でそっと土をかぶせるように促す。
- きれいな畝を見て、おいしいジャガイモが育つよう期待をもたせる。

なぜ灰をつけるの？

ジャガイモの切り口の消毒のため、病気を防ぐためです。

11:00

園に戻り着替えをする

- 収穫の時期（6月下旬）を聞き、大きく育つためにできること、やらなければならないことを伝えあう（枯れないように水をやる、雑草をぬくなど）。

- 植えっぱなしではなく、収穫まで自分たちで育てていくことを自覚させる。
- 大きくするために必要なことを考えて、発表させる。
- 定期的に畑に行き世話をさせる。

ふり返り

- 話を理解し、順を追って植え付けができたか。
- 収穫を楽しみにしながら植え付けることができたか。

3月 土

けやの森の教育理念と構造

教育理念

　　　生きる力を育む自然の教育
　　　—— 生き生きと　それぞれに　生き生きと ——

本園では、自然の持つ素朴さ、美しさ、偉大さ、厳しさ、不思議さを五感を通して感じられるように導き、みずみずしい感性を培いたいという思いから、自然体験を重視しています。
自然体験から生まれる豊かな感性が、一人ひとりの生きる力につながると信じています。

教育方針

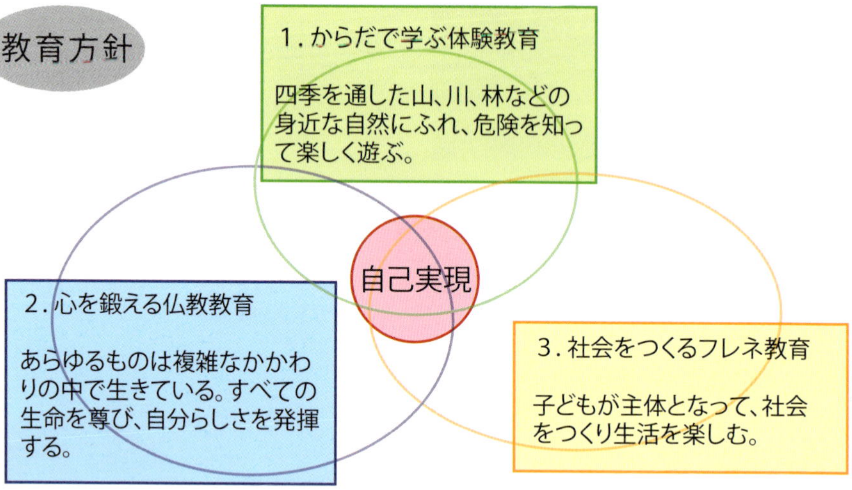

1. からだで学ぶ体験教育
四季を通した山、川、林などの身近な自然にふれ、危険を知って楽しく遊ぶ。

2. 心を鍛える仏教教育
あらゆるものは複雑なかかわりの中で生きている。すべての生命を尊び、自分らしさを発揮する。

3. 社会をつくるフレネ教育
子どもが主体となって、社会をつくり生活を楽しむ。

自己実現

全体像

— 自然となかよくなると　どうしてやさしい気持ちになるんだろう —

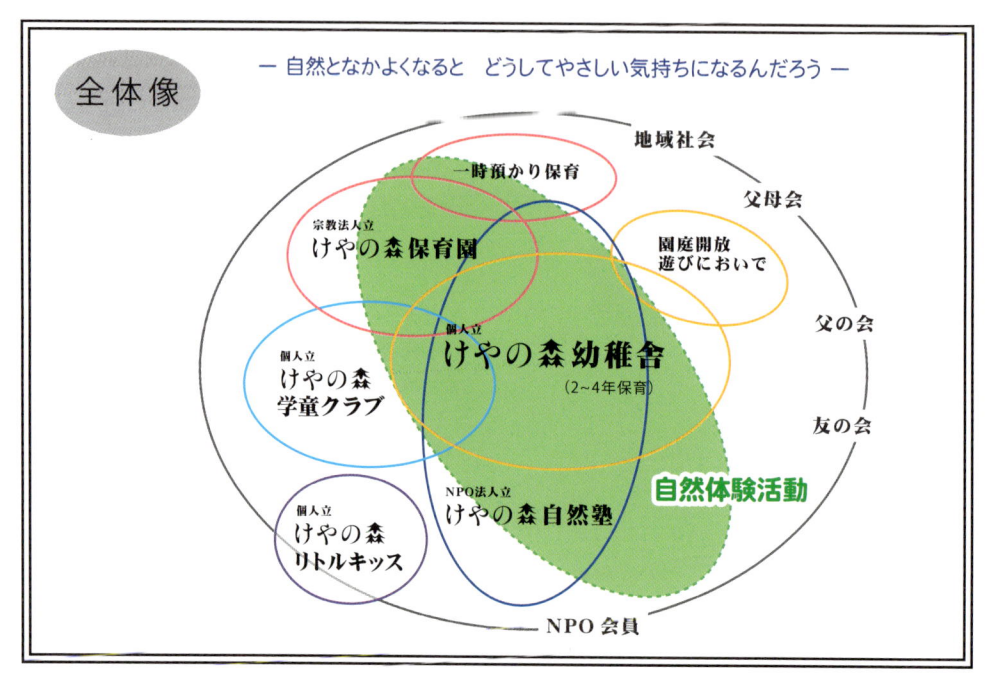

- 地域社会
- 父母会
- 父の会
- 友の会
- NPO会員
- 宗教法人立　けやの森保育園
- 一時預かり保育
- 園庭開放　遊びにおいで
- 個人立　けやの森幼稚舎（2〜4年保育）
- 個人立　けやの森学童クラブ
- 個人立　けやの森リトルキッズ
- NPO法人立　けやの森自然塾
- 自然体験活動

生きいきと それぞれに 生きいきと
―― 生きる力を育む　自然の教育 ――

表現
自分の意見をはっきりともつことができる

自己実現
自分の思いや考えを形にする
幸せとは、与えられた生命を精一杯発揮し、社会に活かすこと
活動を通して生きていることのすばらしさを実感すること

よりよく生きようとする

物事を計画し最後までやりとげる

挑戦・進歩・発展
なぜ？どうして？と真実を探求し、常に考え工夫し、新たな方策を編みだす

生きる力
人生をいかに生きるかを体験により学び活かすことができる

相手の気持ちを理解し、話しあうことができる

交換・認識
人や事物にぶつかり、やりとりしながら理解を深める

達成感・充実感
困難を克服し、心が満たされるとそれが次のステップへの意欲につながる

感 性
子どもはさまざまな体験により感性を開花する。感性は大人の適切な配慮や支援により情操にまで高められる
特に自然はその柔軟性、関係性、浸透性、多感覚性、構築性、物語性、日常性などの絶妙なバランスの上に成り立っており、体験することによって、人間としての基本的な感情、宗教的情操を培う

協力して成し遂げる喜びが分かる

社会のルールを知る

自分の気持ちをことばで表すことができる

自然との親しみ方を知り、自然の不思議に感動する

生活の習慣がきちんと身につく

体 験
脳幹を刺激し、生きようとする力を生み出す

父母会・父の会
お父さん、お母さんがまず、子どもとかかわり園生活を楽しみ学びます
①日々の保育や行事の援助
②子どもの新しい環境づくり
③父母同士がかかわりを学ぶ

冒険活動
自然の中では思わぬ困難に遭遇します。しかしその困難があってはじめて、楽しい生活を生み出す力がわいてくるのです
①夏のひとりだちキャンプ
②スノーキャンプ

伝統行事
日本のよき文化を体験し、次世代に伝えます
子どもの日、七夕、敬老の日、正月、節分、ひなまつりなど

宗教的行事
この世の中でもっとも尊いことは、与えられた生命を活かすこと、全うすること
保護者も花まつり、成道会、涅槃会に参加して一緒に考えます

表現活動
いろいろな体験をするから、伝えたいことがあふれてきます
①身近な動物や自然の現象を身体で表現する
②染物、織物、木工、粘土、焼き物など自然の素材で造形を楽しむ
③歌、劇、舞踊、運動、手品など自分の思いを形にする

食育・農育
生きいきとした身体にするために、身体によい食べ物をつくり、食することを学びます

木 育
木を育て、その営みを見守ることによって、木の価値や役割を知り、木とともに、生きることを学びます

日々の遊び
その子のアイデンティティーは日々のあそびの中にある柔軟性、関係性、浸透性、多感覚性、構築性、物語性、日常性などの複雑で豊かな環境によって生まれます
砂遊び、どろんこ遊び、水遊び、草や花で色水遊び、ザリガニつり、粘土遊び、みみずとり、虫探し、種集め、ドングリ競争、焼イモパーティー、ままごと、ボール遊び、鬼ごっこ、ターザンごっこ、伝承遊び、基地づくり、縄跳び、一輪車乗り、ダンス　など

集 会
よりよい生活をつくるために自由に発言し、責任をもって行動します
・日々起こった問題を話し合う
・生活の評価と提案
・朝の会の自由発表
・帰りの会のふり返り

異年齢（縦割）の生活
ペアさんにお世話してもらうことで、生活がスムーズに流れていきます
・多様な人間関係の中で相手を思いやる気持ちが芽生える
・社会の中で自然に自分の役割が生まれる
・集会で提案されたことを話しあい、生活を形づくる
・ペア、グループ、クラスなど身近な人にあこがれや思慕の情を抱く

自然の遊び
四季折々の自然にふれて、さまざまな自然の不思議に出会うことができます
・樹木に囲まれた園庭の遊び
・広大な林の遊び
・春・秋のプレイデイ（親子の遊び）
・遠足、山歩き
・川遊び
・カヌー

生産と労働の生活
モノを生み出す苦労と喜びを味わいます
・ジャガイモ、サツマイモの栽培
・動植物の世話
・料理（収穫したものを食べる）
・販売（花の種や畑の収穫物を売ってお金を得る）
・生活に必要な仕事を率先して行い、生活を豊かにする（イニシアチブ）

●筆者
佐藤　朝代（さとう　あさよ）
東京女子体育大学卒業
緑ヶ丘学園短期大学、東京女子体育大学講師を経て1977年けやの森学園幼稚舎を夫とともに設立。1992年けやの森自然塾を設立。1999年NPOけやの森自然塾として、埼玉県より認証を受け理事長に就任。2003年けやの森保育園開設、園長に就任、現在に至る

●カリキュラム作成
石井　佐恵美（いしい　さえみ）
東京女子体育短期大学児童教育学科卒業
開園2年目から4年間勤務し、結婚退職。その後、子育てをしながら未就園児クラスを9年担当。その後は統括主任としてけやの森の実践をまとめる日々で現在に至る

●アドバイザー
福田　直（ふくだ　ただし）
武蔵野学院大学教授、埼玉県環境アドバイザー、埼玉県環境教育アシスタント、日本土壌肥料学会土壌教育委員会委員長

写真提供／丸橋ユキ・内野昌亮　ほか
マップイラスト／内藤サチ
編集・レイアウト／江﨑恵美子・長岡規江
DTP制作／萩野努
カバーデザイン／山田道弘

けやの森学園　幼稚舎・保育園
〒350-1325　埼玉県狭山市根岸2-5-2
電話　（幼稚舎）04(2954)4515／（保育園）04(2955)3005
Eメール　mail@keyanomori.tv／ホームページ　http://keyanomori.tv
ー自然体験活動に興味のある方、またはご相談のある方はお問い合わせくださいー

「自然の教育」カリキュラム　年少編
ふれる・感じる・気づく

2013年5月15日　初版発行

著者　　佐藤　朝代
発行者　名古屋研一
発行所　（株）ひとなる書房
東京都文京区本郷2-17-13
電話 03(3811)1372
Fax 03(3811)1383
mail：hitonaru@alles.or.jp

©2013　印刷・製本／中央精版印刷株式会社
＊落丁本・乱丁本はお取り替えいたします。